# 大学発 地域再生

## Community Regeneration Initiatives

### カキネを越えたサステイナビリティの実践

exploring innovative models for sustainability

アサヒビール株式会社発行■清水弘文堂書房編集発売

大学発地域再生

# 目次

カキネを越えたサステイナビリティの実践

Community Regeneration Initiatives

exploring innovative models for sustainability

# *S T A F F*

***PRODUCER*** 磯貝 浩・磯貝日月（清水弘文堂書房）
***DIRECTOR*** あん・まくどなるど（国際連合大学高等研究所）
***CHIEF EDITOR & ART DIRECTOR*** 二葉幾久
***DTP EDITORIAL STAFF*** 石原 実　小塩 茜
***PROOF READER*** 石原眞由
***COVER DESIGNERS*** 二葉幾久　黄木啓光　森本恵理子（裏面ロゴ）
□
アサヒビール株式会社「アサヒ・エコ・ブックス」総括担当者 谷野政文（環境担当常務執行役員）
アサヒビール株式会社「アサヒ・エコ・ブックス」 担当責任者 竹田義信（社会環境推進部部長）
アサヒビール株式会社「アサヒ・エコ・ブックス」 担当者 高橋 透（社会環境推進部）

ASAHI ECO BOOKS 24

# 大学発地域再生

カキネを越えたサステイナビリティの実践

上野　武

アサヒビール株式会社発行□清水弘文堂書房発売

# はじめに

## 一建築家の悩み

建築設計の活動を続けながら、千葉大学の教員として教育・研究に携わるようになって10年が経過した。

大学卒業後の1979年から1986年までは設計事務所勤務、その後大学院修士課程を終え1998年までは自ら設計事務所の代表として、建築設計活動に携わってきた。

その間、健康に配慮した住まいの実現、省エネルギー、環境との共生、保存と再生などのテーマを自らの課題としながら、住宅や教育研究施設の設計を行ってきた。とくに、建築空間を媒介することによって生まれる、人と人との新しいコミュニケーションを生み出すことは大きな目標であり、それは今も変わることはない。

しかし、一つの建築の力は限られており、建物は完成しても街や環境に対する影響はさほど大きいものではないことも実感し始めていた。建築を設計する場合でも、今世紀の課題とされている$CO_2$排出量削減などの地球環境を取り巻く問題は避けて通れない。首都圏一極集中による地方都市の衰退に対しても、多くの建築家が建築という存在を通じて解決の糸口を提示しようと試みている。しかし、あいかわらず日本中どこに行っても同じような個性のない景観が広がり、地方都市の元気を回復する有効なてだても見つかっていないのも事実である。一建築家としては、正直なところとても歯がゆい思いをしていた。

## 大学の可能性

そのような中で、大学に籍を置くことになったのは、これまでの建築設計の実務経験を活かして千葉大学のキャンパスマスタープランを構想するためであり、さらに、大学施設全体を中長期的視点に立ってマネジメントしていく手法を研究するためであった。民間企業から大学への転身であり、とまどうことも多かったがそこで実感したのは、大学が持つパワーが社会生活の中でもっと活かされてよいのではないかということであった。

大学内で行われているさまざまな研究は、これまで建築からの提案だけでは実現することができなかった地域再生や環境問題に対して、すぐにでも大きな力を発揮できる可能性を秘めているのではないかと思い始めた。

千葉大学は、私が所属する工学部以外に、園芸学部、看護学部（この2つは全国で千葉大だけにある学部である）、医学部、薬学部、理学部、教育学部、法経学部、文学部の9学部を持つ総合大学である。キャンパス計画や施設マネジメントを行っていくには、それぞれの学部の教職員や学生の事情を知ることがまず第一であり、着任してまず始めたことは、多くの人から、キャンパス環境や施設に関する要望や期待を聞き出すことであった。その中で多くの教員の研究テーマを知ることができたのは、大学の外にいるときにはなかなかできないことであった。しかし、どうも縦割りの組織という感は否めず、他学部と連携して研究を進める事例は多くはなかった。

建築の設計者として一つのプロジェクトをまとめあげていくためには、さまざまな分野の専門家との協働が不可欠である。構造設計、設備設計、積算などの分野はもちろんのこと、音響デザイン、照明デザイン、事業収支計画、それに建物を施工する建築会社、そこに参加するさまざまな業種との調整、クライアントの側に立って建築家がプロジェクトの舵取りを行わなければならない局面は非常に多い。

そのように考えると、大学で行われているさまざまな研究プロジェクトが、あるテーマのもとに連携協働することができれば、とても大きな可能性が広がると実感したのである。

大学の建築学科に籍を置くようになり、建築学会の活動へ参加する機会が増えていったのも新しい経験であった。その中で、都市計画や建築計画を専門分野としながら、大学キャンパスと都市の関係を研究対象として集まった人達との出会いからは大変多くの示唆を得ることができた。大学、自治体、ＮＰＯ、官庁など、その所属は違うが、地域の問題を大学との連携で解決していこうとする挑戦的な試みが少しずつではあるが行われていることを知ることができた。また、海外の大学キャンパス調査に参加することで、大学が積極的に地域計画に取り組んでいる多くの事例を知ることができた。

今日さまざまな地域課題が顕在化してきているが、大学と地域がパートナーシップを組んでその解決にあたることは、非常に有効な手法だと実感している。

## 「環境と健康」をキーワードとしたまちづくり

本書をまとめる直接のきっかけとなったのは、千葉大学における環境ISOの認証取得と、千葉大学柏の葉キャンパスのマスタープラン作成に関わったことにある。

詳しくは本文で述べるが、環境ISO取得に向けた活動はキャンパス計画という物理的な空間環境計画と、環境を大切にしたいという学生や教職員の気持ちをどのように結びつけるかということを考えさせられた。

柏の葉キャンパスには、さまざまな学部から環境と健康に関わる研究を行っている人たちが集まっているのだが、そのキャンパスの将来計画は、環境と健康をキーワードにしながら周辺のまちづくりと一体で計画していかなくてはならないと考えた。とくに未来世代の子供たちを対象にしたケミレスタウンプロジェクトにおけるさまざまな人との出会いは、環境づくりや、まちづくり、建築づくりに対しての大きな方向を示してくれた。

良い環境がなくては健康な生活はおくれない、健康でなければ良い環境づくりも行っていけない。まちづくりにおいてもっとも重要なテーマの一つが「環境と健康」なのではないだろうか。

本書では、大学のキャンパス計画や施設マネジメントがどのように地域の再生に関わっていけるのか。そしてこれからのまちづくりが、環境と健康をキーワードとしながら大学と連携することで、大きな成果が得られることを示したいと思っている。

21世紀は、地球や地域の環境、そこで営まれる生活を持続可能な形で存続させていくことを真剣に考えていかなくてはならない時代である。本書が少しでもその役に立てれば幸いである。

# はじめに

# 第1章
# 大学は地域のシンクタンクになりうるか？

## 1　身近な課題となった環境問題

２００８年７月７日、北海道洞爺湖サミットが開催された。主要先進国の首脳が集まり、原油・食糧の高騰への対応、環境・気候変動、開発、アフリカ問題を主要テーマに議論が行われた。

２００８年は、京都議定書による１９９０年比６％の温室効果ガス削減の約束期間（２００８〜２０１２年）の最初の年でもあり、ポスト京都議定書となる気候変動に関する世界の枠組みがどのようになるかが多くの国々から注目された。首脳宣言は、「２０５０年までに世界全体の温暖化ガス排出量を少なくとも50％削減することを、世界全体の目標として掲げるように求めていく。」というものであった（※1）。もう少し具体的な決議がなされるべきであったという意見もあるが、現在の生活から発生している$CO_2$の量をあと40年で約半分にするためには、相当な努力が必要であることは大多数の国民が理解したのではないだろうか。

洞爺湖サミットの前年、２００７年のノーベル平和賞はＩＰＣＣ（Intergovernmental Panel on Climate Change：気候変動に関する政府間パネル）とアル・ゴア氏が受賞した。ゴア氏が著した『不都合な真実』がベストセラーになるなど、多くの人に地球温暖化問題を意識づける大きなきっかけをつくり、その根拠を示したことが受賞理由であった。最近では、地球温暖化の影響や$CO_2$排出量削減に関する記事が新聞に載らない日はないほどである。日々の生活の中で、ゴミの分別、レジ袋削減、クールビズなど、環境問題に寄与する動きが活発になってきているのは喜ばしい。建築設計や都市計画に関わる私の日常生活の中でも、$CO_2$を吸収する身近な緑の環境の保護や、森林資源を守るための維持保全活動に関心を持つ人が徐々に増え始めてきている。環境問題は確実に身近なものになり始めていると言ってよいだろう。

ただ多くの人にとっては、こういった活動が、なんとなく$CO_2$排出量削減に役に立つということはわかっていても、実際に自分の生活とどのような関係なのか、これからの未来にどのような影響があるのか、「今ひとつ実感がわかないし、ほかにもいろいろ気になることもあるしなあ。」というのが正直な気持ちではないだろうか。

実際には、地球温暖化問題は、エネルギー問題や食糧問題と密接に結びついている。こういった結びつきを、もう少しはっきりとした形で示していかないと、２０５０年までに$CO_2$排出量を半減することは到底達成できないだろう。

問題となる$CO_2$、メタンなどの温室効果ガスの排出は、石油をはじめとした化石燃料を燃やすことで生じている。発電、鉄鋼やアルミの生産、輸送用燃料、ハウス栽培用の燃料、漁船の燃料など、私たちの生活を支えているありとあらゆる産業が石油燃料の恩恵を受けている。一方で全世界の石油埋蔵量を考えると、このまま使い続けていけば40年以内に枯渇するとか、いや１２０年は大丈夫だという議論がされている。正確な年数はわからないにしても、石油が化石燃料である限りいつかはなくなることは明らかである。

石油への依存度を少しでも減らすためには、省エネルギー技術を開発するとともに、代替エネルギーを考えなくてはならない。近年は、これまでの太陽光発電や風力発電などに加えて、植物からつくるバイオエタノールも代替エネルギーとして注目されている。おりしも、石油価格が高騰し、ガソリン価格は1年間でおよそ1・5倍に跳ね上がった。また、バイオエタノールの生産は、原料であるトウモロコシ価格の高騰を招き、これを主食としている人びとや飼料としている畜産業にも深刻な影響を与え始めている。

食料生産の視点から見ても、今や石油は欠かせないものになっている。単位面積あたりの収穫量を増やすために、先進国では機械化農業が進むとともに、化学肥料や農薬に頼る生産を行っている。石油は燃料として、また製品の原料として使われているのである。

洞爺湖サミットは、気候変動の話題だけに注目が集まりがちであったが、石油価格や食料価格の高騰についても環境・気候変動と密接な関係があるものとして議論された。$CO_2$排出量削減の数値目標がどうなるのかに話題が集中し、結果としてあまり詳しく報道されなかっただけである。地球温暖化の問題は、私たちの身近な生活に確実に影響を与え始めている。

※１　G８がUNFCCC（国連気候変動枠組条約：United Nations Framework Convention on Climate Change）締結国に目標として採用することを求めた。

## ２　でもより身近なのは環境問題より健康問題？

一方、環境問題以外にも、高齢化、年金問題、後期高齢者医療など健康や老後の生活に関する話題にも事欠かない。

厚生労働省平成19年簡易生命表によると、日本人の平均寿命は、男79・19歳、女85・99歳である。約50年前の昭和35(1960)年の値、男65・3歳、女70・2歳に比べるとそののびは顕著であり、今や我が国は、女性は世界1位、男性は世界3位の長寿国である。

60歳で定年退職を迎えた人にとって、その後約20年間、健康で安心できる生活を送ることができるかどうかは、なににもまして重要な問題であろう。寝たきりや痴呆への恐怖、そうなったときの介護の問題、それにかかる医療費、介護費などを考えると、日々を健康に送ることができる方法があるならそれに飛びつきたいと思うはずである。

また、内臓脂肪型肥満・高血糖・高血圧・高脂血症のうち2つ以上を合併したメタボリック症候群の人達が増えていると言われている。それを予防するため、2008年4月から生活習慣病に関する特定検診制度が始まった。日本の国家財政がひっ迫するなかで、国民の医療費は大幅に増加している。国民医療費のうち高齢者の医療費はおよそ3分の1を占めており、なかでも75歳以上の「後期高齢者」層の一人あたりの医療費は、いわゆる現役世代の約5倍になると言われている。健康な生活を送れるように身体の状態を良好に保つことが多くの人にとって最重要課題になっている。

食べ物に関する報道も毎日のように見聞きする。輸入食品の添加物による食中毒や消費期限のごまかし、産地偽装問題など、食の安全を脅かすさまざまな問題が発生し、不安は高まる一方である。日々の暮らしを健康に過ごしていくためには、食の安全性確保もまた重要な課題である。

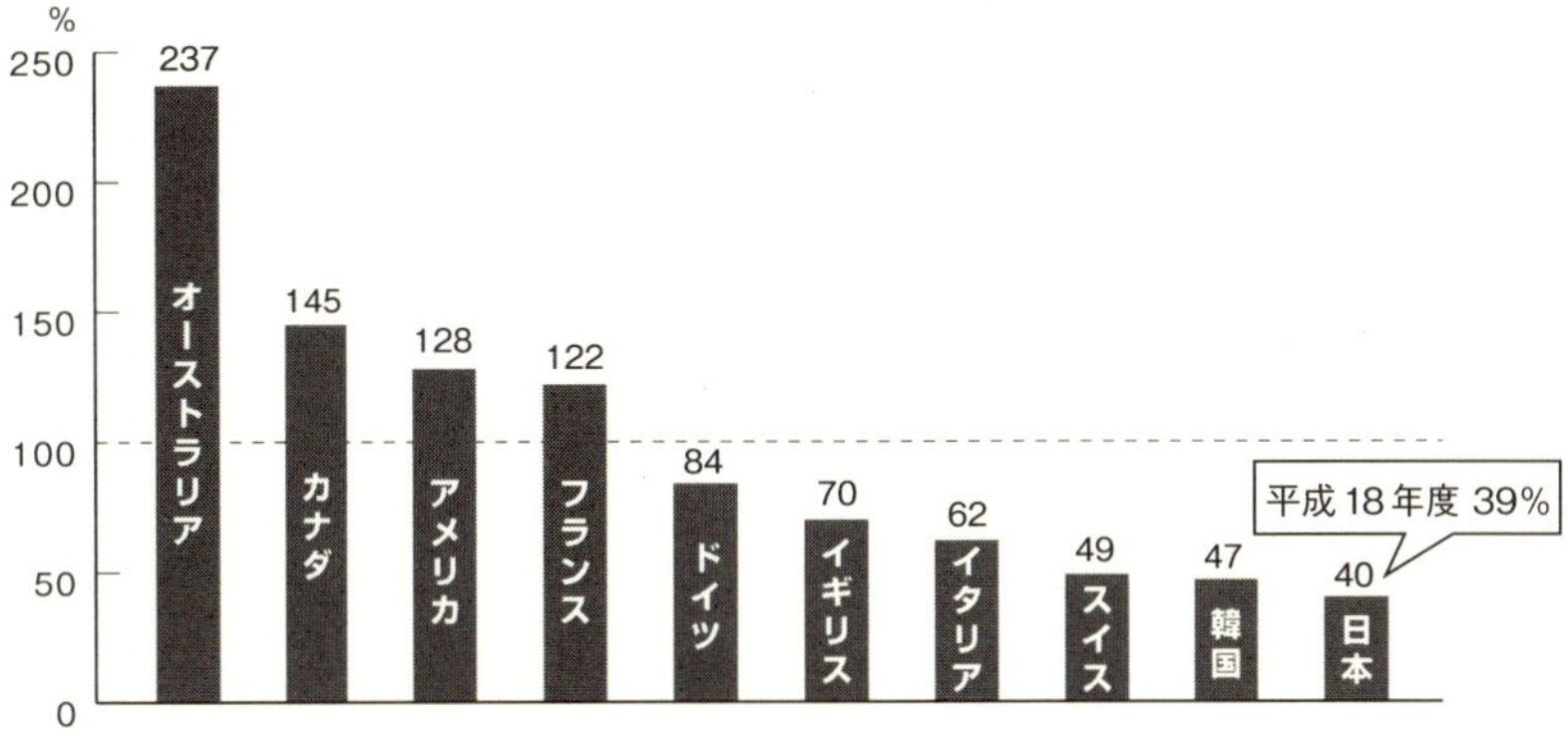


**図１－１　主要国の食糧自給率グラフ**

しかし、２００７年現在、日本の食糧自給率はカロリーベースで約39％であり、約50年前（１９６５年）の73％から大幅に減少している（図１−１）。この数値は、主要先進国中でもっとも低い値であり、食品の大部分を海外からの輸入に頼らざるをえない現状が食の安全性確保の背後に存在している。政府は、２０１５年までに食糧自給率の目標を45％までに引きあげるとしているが、農業従事者の高齢化、後継者不足などを考えると、現時点での農業に対する考え方を根本的に変えていかないかぎり達成はむずかしいように思える。

世界的な食料価格の高騰が懸念されている一方、全世界の栄養不足人口はいまだに8億人（※2）を超えている。また、今後の人口増加を考えていくと２０５０年には１９９５年比でおよそ２・25倍の食料が必要になり、食糧不足が世界的な問題になるという調査結果もある（※3）。そうなれば、食料調達をいつまでも海外からの輸入に頼ることができなくなる可能性が高い。健康な生活を維持するためには食料をどのように確保していくかという問題を避ける訳にはいかない。

生活の器となる住宅も、健康に暮らしていくためには欠かせない要素である。いくら機能的で生活しやすく、気に入ったデザインの住まいであっても、建物そのものが原因となって怪我や病気になってしまっては、元も子もない。近年社会問題になってきたシックハウス症候群などによる健康被害は、一番良くわかる例であろう。建物を建てる際に建築資材から発生し、健康に害を及ぼす化学物質については、ホルムアルデヒドやキシレンなどいくつかの物質に特定され、規制値も設けられている。しかし、それ以外にも健康に影響を与える多くの物質があると考えられている。しかも、その全貌は明らかになっていない。

このような問題は、住環境そのものを改善すれば避けることができる。

また、石油高騰の影響による鋼材費のアップ、輸送にかかるコスト増など建設コストもうなぎ上り状態であり、これから住宅購入を考える人にとっては頭の痛い問題である。アメリカが発端となったサブプライム問題が、世界中の金融市場に影響を与え、老後のために蓄えておいた資金が目減りするといった状況も現実の問題となってきている。このような状況は、精神の健康にとってよいはずはない。

これまで生活の質にとって重要な三要素は、「衣食住」と言われてきたが、現代の日本では、健康問題に関わる「医・食住」と言ったほうがよりピンとくる人が多いのではないだろうか。地球環境の問題よりは、自分や家族の健康が第一であり、そのための「医・食住」問題に興味の対象が向くのは至極当然のことかもしれない。環境問題よりも健康問題のほうが、より切実で身近な問題というわけである。

私が直接関わることが多い地域の再生についても、環境問題よりもまず、いつもシャッターが閉まっている中心市街地をどう活性化するかのほうが重要であり、どうすれば高齢化が進んだ古い団地を再生できるのかに関係者の関心は集中する。

しかし、「環境問題は地球の健康問題である。」あるいは、「環境問題は地域の健康問題である。」と言い換えてみると、環境、地域、健康を同じ枠組みで考えられるような気がしないだろうか。

地方都市には、地域の活性化や都市再生についてのさまざまな課題が山積になっている。私は、その具体的な解決手法を探っていく過程の中で、地域環境や人びとの健康に関するさまざまな課題の根元の部分は、同じものなのではないかと思うようになった。そして必ずしも両者を同時に解決しなければならないのではなく、一方を解決することで、結果としてもう一方の改善にもつながっていく社会の仕組みができるのではないかと考えるようになった。

※2　2006年FAO（Food and Agriculture Organization of the United Nations：国連食糧農業機関）報告書によると、2001～2003年平均の発展途上国における栄養不足人口は8億2000万人である。

※3　1996年FAO「食糧需要と人口増加」による。

## 3　20世紀が積み残した課題
## 不健康な地球・不健康な地域・不健康な人間

1979年、ジェームズ・ラブロックは地球を生命体としてとらえた書籍を著した。『ガイア理論』として知られており、地球を、生命が主役を演じる一つのシステムと位置づけた。地球を患者と見立てて健康診断を行うと、システムの中にあるさまざまな不具合が明らかになってくる。例えば、地球の大気成分と生物や気候との関係であり、温暖化効果ガスなどの存在である。地球そのものを生命体としてとらえることにはさまざまな異論があったが、地球を一つのシステムととらえる考え方は、20世紀が産み落としたさまざまな課題を再検討するのに非常に大切な考え方である。実際、私たちの身の回りにある環境が、地域や地球の環境とどのように関連するかをイメージするうえではとてもわかりやすい隠喩と言えよう。

20世紀後半の社会は、地球（世界）規模で科学技術・経済・産業が発展した時代である。科学技術がさまざまな分野に応用され、より快適で便利な生活を実現するために、経済活動・生産活動が行われてきたと言ってよいであろう。生活者にとっては、便利で機能性の高い物に囲まれて生活することが可能になった時代である。安い値段で手に入る良い物を少しでも安く大量に供給する。利益を少しでも大きくするために、効率良く物資を生産し流通させるシステムを構築することが求められた。第２次、第３次産業が急速に発展していき、便利さと快適性、そして金銭的利益を追求してきた。

しかしこれらは、持てる者・持てない者の格差を生みだし、化学物質による大気汚染や土壌汚染による健康被害、生物種の激減などのさまざまな社会問題や環境問題を引き起こしてしまった。第一の目標は、経済発展優先の高度情報化社会を構築することであり、周囲の環境がどうなるかは二の次、三の次にされてしまった。結果、地球温暖化が問題となり、不健康な地球ができあがってしまった。

環境と経済は対立する概念としてとらえられていたと言ってよいだろう。しかし、これからは、環境と経済の問題をバランス良く同列に考えていかなくては、世界が直面しているエネルギー、食料、金融の問題を総合的に解決していくことはできない。

我が日本でも、戦後復興のための経済発展が第一目標となり、利便性・効率性が追求された。不便・非効率を排除するためにさまざまな技術革新を行い、大量消費やスクラップアンドビルドを推奨し、右肩上がりの社会を実現してきた。これには、政府や企業主導で日本全体を良くすれば、地方における個人の生活も良くなるという考え方があった。だが、結果として、大都市一極集中による地方都市の衰退、大企業のチェーン展開による地元企業の疲弊、地域景観の破壊などが顕在化し、総じて地域の活力（地域力）が減少することになってしまった。不健康な地域のできあがりである。

さらに、生活習慣の激変による成人病・肥満の増大、高齢化社会における老後の不安、競争社会におけるストレス増大などで、不健康な人間も増えてきている。日本は、世界でもっとも少子高齢化が進んでいる社会である。経済の高度急成長を目指すのではなく、低成長でも生活の質を高める仕組みを考えなくてはならない。生活重視型の高度情報化社会を構築し、地方都市の元気を再生し、不健康な状態から脱却する必要がある。

元気を取り戻した地域で、病気とは無縁の健康な生活ができることを大きな目標とする時代になってきていると思う。地域社会における個人の生活が良くなることで、日本全体も良くなり、結果として地球（世界）が良くなる社会をつくりあげていかなくてはならない。

21世紀に生きる私たちが考えねばならないのは、地球・地域・人間の健康を取り戻すことである。地球規模で環境収支を考える時代、持続可能性重視の世界へと目標を修正しなければならない。環境保全型の経済活動を行い、地球温暖化を防止して、地球の健康を取り戻さなくてはならない。

## 4　大学が地域のシンクタンクとなる

では、具体的にどのようにして、一見ばらばらに見えるこれらの問題をシームレスに結びつけ、解決の手法を考えていけばよいのであろうか。

その一つの方法は、大学を地域のシンクタンクとしてとらえ、その総合力を活用していくことではないかと思っている。

私は設計者として、また大学教員として、公共建築設計やまちづくりの現場に関わる機会が多い。そこで実感することは、「地域の人たちの要望をどのように取り入れ、地域の活力を高めていくか?」という問題の解決には、建築計画や都市計画の力だけではむずかしいということである。そこには、健康、食の安全、少子高齢化、第一次産業の衰退、エネルギー問題などさまざまな課題が複雑に絡み合っている。

とくに、地域の持続可能性を高めていくためには、これらを総合的に検討していく仕組みが必要であることは間違いない。これまでのように、国や自治体だけで問題を解決していくのは、もはやむずかしい状況になってきている。

これまで大学は、理学・工学・農学・医学・文学・教育学・経済学・法学などの専門分野の教育研究を行いながら、産学連携という形で社会との接点を持ってきた。また、さまざまな分野の公開講座を開催することによって、地域の人達に生涯学習の機会を提供し、社会貢献を行ってきた。しかし、それらはあくまでもある専門分野の一研究室と企業の共同研究であり、一専門分野の知識を個人に提供しているのであって、地域の課題解決に直接関わっていくこととはかなりニュアンスが違っているように思う。

また大学には、それぞれ専門の立場から、国や自治体の諮問委員などになっている教員が多い。教育、医療、介護、環境、法律、都市計画、公共住宅などについて、学識経験者として行政施策立案に関わる機会を持った人材がいる。しかし、国や自治体の縦割り行政の弊害か、一つの分野における教員個人の活動であり、これらを横につなげた情報交換が行われることもなく、大学として地域の課題に総合的に関わっているとは言えない状態である。現代の地域や社会の課題が、単独の専門分野では対処しきれない状況になってきていることは理解していても、異分野の教員同士が情報を交換・共有しながら問題解決にあたる仕組みができていないのである。

少子化に伴う大学全入時代を迎え、各大学は生き残りを賭けて大学の個性づくりを行おうとしている。いくつかの大学では、これまでの専門領域の枠を超えた新たな学科を創設するなどして、こうした状況に対応し始めようとしている。さらに、より総合力を高めるために、一つの大学だけでなく、ほかの大学との連携も視野に入れ始めている。このような取り組みを、地域と連携しながら実証的に研究していくことができれば大きな成果を生み出す可能性がある。教育・研究につぐ大学の第三の使命である社会貢献という責任を真の意味で果たすことにもつながっていく。大学が地域のシンクタンクになることは、大学自身にとって大きな意味を持っている。

地域の側から見ると、このような大学を活用しない手はない。同じ地域にある大学は、問題意識を共有することが容易である。教員も学生も地域の構成員なので、地域の風土や歴史、文化や人間性についてすでに基礎知識を持っている場合が多い。地域の健康を取り戻すためには、地域の個性を発見し、それを伸ばし、元気にしていく必要がある。それならば、国や中央のシンクタンクに頼るよりも、身近な大学と一緒に考えていくほうが、よっぽど効果的ではないだろうか。同じ市内に大学がなくても、少なくとも同一県内には必ず複数の大学があるはずである。一方、大学は教育研究の実践フィールドを求めている。地域を教材としながら行政、市民、企業と連携して、地域課題を解決していく仕組みを構築することは、地域にとっても大学にとってもメリットは大きい。

地域の課題は、地球環境問題と同様で、公共性を持って解決にあたる必要がある。大学は、科学的な検証を積み重ね、客観的かつ中立の立場で問題解決にあたる地域のパートナーとして、最適なポジションにあると言えるのではないだろうか。

## 5 グローナカルな視野を持つ人材育成

地域が大学とパートナーシップを組みながら、問題解決の方法を見いだした後は、その方法を誰がどのように実行に移し、持続させていくかという問題が残る。とくに「誰が」の部分が重要であり、地域の課題に実際に取り組む担い手が必要である。大学が直接担い手になることもありうるが、担い手となる人材を育成することのほうがより実際的であろう。というよりも、そのような人材を育成していくことこそ教育機関としての大学の第一の使命である。

では、担い手となる人材とはどんな人か。それは、複雑に絡み合う問題を俯瞰しながら個別の問題を突き詰めて検討できる人であると考える。つまり、グローナカルな視野を持った人材である。

グローナカル（glonacal）という言葉は耳慣れない言葉であるかもしれない。だが、グローカル（glocal）なら知っている人は多いであろう。これはグローバル（global）とローカル（local）を組み合わせた造語で、「地域性も考慮しつつより大きな世界的視野を持った」という意味で使われることが多い。

グローナカルは、これにさらにnational（国）を加えた合成語である。私が所属する千葉大学の前学長である古在豊樹教授が使い始めた言葉である（※4）。

地域の課題をいきなり世界規模の問題と結びつけることは実際にはむずかしい。社会システムはもちろんのこと、国ごとに歴史、文化、風土、習慣などが異なっている。地域の課題は一度国や社会システムのレベルで共通性を見いだしたうえで、それと世界の課題との関係性を考える必要がある。逆もまた真なりで、世界規模の課題をいきなり地域や個人レベルに落とすのではなく、国や国民の問題としてとらえる視点も重要である。この意味で地球温暖化は、世界・国・個人に関わる、まさにグローナカルな問題だと言えよう。

エネルギー問題や食糧問題、地球温暖化などの問題を解決し、持続可能な世界や地域社会をつくりあげていくためには、グローナカルな視野を持って問題解決にあたることができる人材が求められている。個人から地域、地域から国、国から世界（地球）といった一連のつながりの中に存在する、共通性や多様性、自律性を理解して全体を俯瞰しながら個々の問題に取り組むことができる人が必要なのである。

大学はそのような人材を育成する場でなくてはならない。学生達は生きた教材としての地域や国、地球の課題解決に関わっていくことで、グローナカルな視野を身につけていくことができるはずである。これは若い学生たちに対してだけではなく、社会人教育や生涯学習においても大学がこれから目指していくべき教育の方向であろう。健康で元気な地域社会をつくっていくための担い手の育成が求められている。

次章では、大学がグローナカルな視野のもとで、どのような研究を始めているのかを具体的に見ていく。

※4　グローナカルならびにグローナカル・ユニバーシティは千葉大学の登録商標。

# 第2章
# 大学キャンパスは都市の縮図

## 1　タウンとガウン　境界の再構築

「タウン」と「ガウン」という言葉がある。タウン（Town）は文字通り町を表す言葉である。それに対してガウン（Gown）は大学を表している。中世ヨーロッパの大学都市の大学人が着用していたガウンに由来しているのだが、この言葉はしばしば大学と地域との対立関係を表す言葉として使われた。中世都市にあって、大学は治外法権的に扱われてきた歴史があり、しばしば市民と衝突することもあったという。

我が国でも、大学は象牙の塔と呼ばれ、地域市民からは垣根の向こうの遠い存在として思われていたことは否めない事実であろう。古い歴史を持つ旧帝国大学のある都市では、学生は特別扱いで書籍代や飲食代が出世払いであったというエピソードがあるように、大学は地域の特別な存在として扱われてきた。したがって、教員や学生達は、自分たちは高尚な学問を行っており、一般市民とは違う特別な存在なのだという驕りもあったと思われる。市民もまた、大学は自分たちの生活とは関係のない、むずかしい学問を行っているところと考えていた。

しかし、学制改革後の昭和24(1949)年には180校程度だった大学数も、2008年で国公私立あわせて700校を超え、大学定員と入学希望者がほぼ同数という時代になり、大学が特別の存在であった時代は終わりを告げている。

今や、大学は地域との関わり抜きで存在していくことはできない。多くの大学のアカデミックプランで、地域連携・産学共同・社会人教育・生涯学習・インターンシップ導入・学外からの人材登用・招聘などの項目が並び、地域社会や企業といった、大学外との連携の必要性が説かれている。また、共同利用・異分野交流・プロフェッショナル教育・留学生支援・ベンチャービジネス支援・人材交流などを通して、部局や学科の垣根にとらわれることなく、さまざまな人びととのコミュニケーションを必要とする新しい教育・研究体制を築くことが急務とされている。言い換えれば、大学をとりまいている社会との関係や、内部の組織、人間関係との境界(ボーダー)を見直し、再構築することが必要とされている。地域との垣根を取り払わなければ大学の発展はないといってもよい。

現在、「内外にある境界について、それをなくすことも含めて再構築を目指す大学」が求められている。その意味で大学は「ボーダレス・ユニバーシティ」を目指さなければならない。

現在では、「タウン」と「ガウン」という言葉は、単に町と大学を表す言葉として使われることが多くなってきている。地域と大学の関係は、欧米では「Town-Gown Partnership」あるいは「Town-Gown Relations」という言葉が使われることが多いようだ。

建築計画と都市計画の視点から、地域と大学の連携をとらえてみると、大学キャンパスという空間でも境界を再構築し、地域と大学の関係を見直すことが求められているように思う。

## 2　地域と大学の境界

### （1）建築計画的視点から見たキャンパスにおける境界の再構築

大学が社会に積極的に関わり、身近な人びととのコミュニケーションを大切にするという大学の課題を、キャンパスにおける境界の再構築という視点を入れてとらえ直してみると、大きく二つに分けることができる。一つは、既存施設の境界のあり方を変えなくてもアカデミックプランがあれば実現できることであり、もう一つは、既存施設の境界のあり方を変えないとアカデミックプランがあっても実現できないことである。

大学が、施設の地域開放・企業や他大学との施設共同利用・社会人教育・生涯学習へ協力することは、大学側がその気になれば既存施設をそのまま利用することで実現可能である。これらは施設というよりも、大学が用意するソフトウェアに依存する方法である。着目すべきは、もう一方の、アカデミックプランを実現するために変えなければならない境界である。すなわち、大学全体と地域という、都市的スケールの境界と個々の研究スペースを構成する小さな部分での境界である。

## 地域と大学の境界

地域と大学の境界を見直さなければ実現できないのは、市民の意識をごく自然に大学キャンパスに向けることである。都市と一体となって発展したヨーロッパやアメリカの大学に比べて、わが国の大学キャンパスの多くは、地域社会から孤立していることが多い。都市の貴重なオープンスペースとなりうる空間を大学キャンパスは持っているのだが、地域の人びとの姿をここに見ることは極めて少ない。地域社会に開かれた大学を目指すのであれば、まずこの状況を改善していかなければならない。地域の人たちが気軽に集い、憩える場所としてキャンパスをとらえ直す必要がある。キャンパスを市民の生活空間の一部とすれば、地域社会は大学が発するさまざまなメッセージを容易に知ることができるであろう。大学のテリトリーを守るために、社会との関係を絶つことが目的だった塀や門は考え直されるべきである。バリアフリーという言葉で語られることが多いキャンパスと都市との関係は、アカデミックプランとの対応を考えれば、ボーダレスという言葉のほうがよりふさわしいように思える。

## 大学内の小さな境界　教員の意識改革

もうひとつ見直さなくてはならないのは、個々の研究スペースを構成する小さな部分の境界である。これまで、大学施設内部の境界は、社会との関わりをつねに意識し、身近な人びととのコミュニケーションを大切にするという観点から考えられることは少なかった。都市との境界が市民の意識改革に関わるのに対し、この小さな部分での境界は大学人の意識改革に関わる問題である。これからは、コミュニケーションを活発にするための仕掛けとして、境界の意味を見直すことが必要なのではないだろうか。極論すると、部屋を構成する壁のあり方を見直せば大学が変わるのではないか、ということである。

大学内の研究に関わるスペースはこれまで、教員に割り当てられた縄ばりの集合という感が強かった。縄ばりの境界線は一度引かれると変えることはむずかしかった。また、大学を社会に開くということは理解されても、個別の研究スペースを積極的にオープンにすることには同意を得られないことが多かった。このような状況では、研究室内だけの閉じた人間関係だけに終わってしまうことも多く、研究の発展に寄与するとは思えない。研究室を活発なコミュニケーションの場とし、さらにほかの研究室とも自由に議論ができる空間づくりが求められている。例えば、教員の部屋と廊下を隔てる壁をガラスのスクリーンにするだけで、空間の連続性が生まれ、積極的に学生や社会と関わっていこうとする姿勢をアピールすることができる。教員側からも学生側からも互いにアプローチしやすい空間をつくることができるのだ。小さな身近な境界を見直し、それを全体に広げていくことが重要ではないだろうか。

建築計画的に考えれば、新しい時代のキャンパスと地域の関係をつくりあげる方法は、都市に関わる大きな境界と、研究室に関わる小さな境界の再構築を行うことと言えよう。

## (2) 都市計画的視点から見たキャンパスにおける境界の再構築

多くの大学キャンパスでは、狭小化や老朽化、散在する遠隔キャンパスの統合化問題に悩んでいる。これまで、その解決策として既成市街地を生かす有力な計画方法がなかったため、新キャンパスとして郊外学園都市を構成する手法がとられてきた。しかし、それを実現できる大学は限られるし、都市との連携が希薄になるおそれもある。

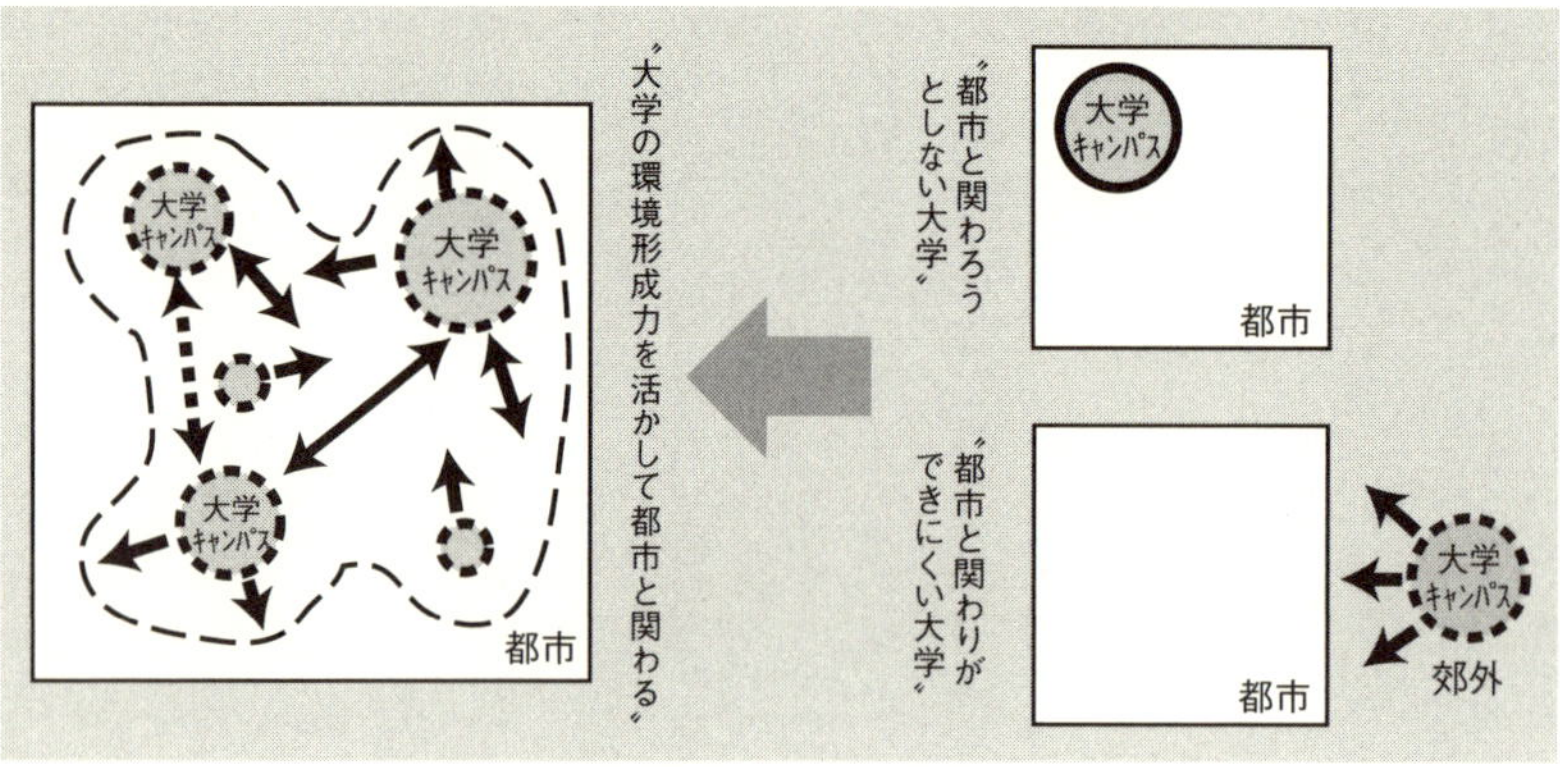


図２－１　大学と都市の空間相互作用モデル

一方、大学が立地する都市や地域では、地方独自の個性的な街並みが消え均質化し、中心市街地の衰退が目立ってきている。地方都市における国立大学法人のように、既成市街地に複数のキャンパスを持つ多核分散型キャンパスの場合、大学と都市の連携的な関係を生み出せば、これらの問題を解決していくことは、可能であるし合理的ではないだろうか。

図２－１に示すような、地域と大学の連携モデルを見いだして、大学が持つ環境形成力を明らかにし、それを地域に生かす個性的で活力に溢れた大学の理念と方法が求められているように思う。大学が地域と良好な関係を確立し、循環型のコンパクトシティーを志向する連携システムが必要なのである。それが、個人、地域、地球を含むグローナカルな視点のもとに構築される、サステイナビリティ学ではないかと考えている。

## 3　再構築の手法：サステイナビリティ学

「サステイナビリティ」(sustainability) は「持続可能性」と訳され、環境の世紀と呼ばれる21世紀においてもっとも重要なキーワードの一つと言われている。

地域社会のサステイナビリティ、地球環境のサステイナビリティというように使われているのだが、これらはいずれも、サステイナブル・デベロップメント (Sustainable Development) を前提としている。つまり、持続可能な発展を目指すということである。

1987年の国連報告書によると、サステイナブル・デベロップメントとは「将来の世代が彼らのニーズを満たすための能力を損なうことなく、現代世代のニーズを満たすこと。」(※1) と定義されている。

すなわち、成長だけを目指す、20世紀型の右肩上がりの開発をやめ、未来世代に負の遺産を残さないような循環型の仕組み (システム) をつくっていこうというものである。このとき必要になるのが、前章で述べたグローナカルな視点である。

地球のサステイナビリティ、国のサステイナビリティ、地域のサステイナビリティ、これらはすべて連続してつながった問題である。地球温暖化は、国の経済や地域の生活に確実に影響を及ぼす。逆に地域の環境悪化は最終的に国や地球の生態系に影響を及ぼしてしまう。

この事実は20世紀の発展の代償として、わたしたちが身をもって学んできたことである。グローナカルな視点は、同じ過ちを繰り返さずに、サスティナビリティを実現していくため、私たちがどうしても持ち続けなければならない重要な視点である。

今、グローナカルの視点を持ったいくつかの大学は、持続可能な仕組みを総合的な学問体系「サスティナビリティ学（Sustainability science）」として構築しようと動き出している。

我が国では、2005年に東京大学を中心とするサスティナビリティ学連携研究機構（※2）が組織された。現在、東京大学、京都大学、大阪大学、北海道大学、茨城大学の5大学を研究拠点とし、さらに東洋大学、国立環境研究所、東北大学、千葉大学、早稲田大学、立命館大学の6協力機関が参加する形で共同研究を行っている。今後、大学間の連携研究は、参加大学を増やしながら国際的な動きにつながっていくだろう。

本書は、地球環境という大きな問題を直接扱うのではなく、地域の生活に密着した諸問題を、大学と地域が連携することで解決していく方法を探ることを目的としている。それについては3章以下で具体的に述べていく。本章では、地域の課題についてもグローナカルな視点で持続可能な解決策を見いだす必要があるという理由から、その基礎となるサスティナビリティ学について、もう少し詳しく紹介していきたい。

## サスティナビリティ学と地球・社会・人間のシステム

我々の生活は、次の3つのシステムの相互関係、相互作用の中で営まれていると考えられる。まず、人間が生存していくうえで不可欠な基盤となる地球レベルのもので、生態系や気候、エネルギー資源などに関わる地球システム、次に、社会生活を支える国や自治体レベルのもので、政治、経済、産業、技術などから形成される社会システム、そして、個々人の健康や、安全、安心、ライフスタイルなど生活の価値観に関わる人間システムである。

今日ある社会問題のいくつかは、これらのシステムの相互関係がうまく立ちゆかなくなったことに起因していると言える。例えば、社会システムの効率性を追求しすぎたことで地球システムに影響を及ぼしているのが、地球温暖化問題である。地球システムは自然システムといったほうがわかりやすいかもしれない。また、地産地消による循環型地域社会を構築するには、社会システムと人間システムのバランスをどのように保っていくかという問題を解決していかなくてはならない。さらに、地球システムの変調が人間システムに影響を及ぼさないように考えていくのが、危機管理である。サステイナビリティ学とは、図２－２のように、このような３つのシステムとそれらの相互作用に関連する広範な学問分野の連携・協働によって、持続可能性を考えていく学問である。サステイナビリティ学は、これまでの自然科学と人文社会科学を融合した新しい学術体系をつくることを目指している。図２－３のように、客観的な視点から人間主体的な視点までを一つの軸、真理探究から問題解決へと向かう軸をもう一つの軸とし、その交点に生物主体的な視点を置いた座標系を想定し、この中に、さまざまな学問分野を重層的に位置づけている。本書のテーマである都市や地域の再

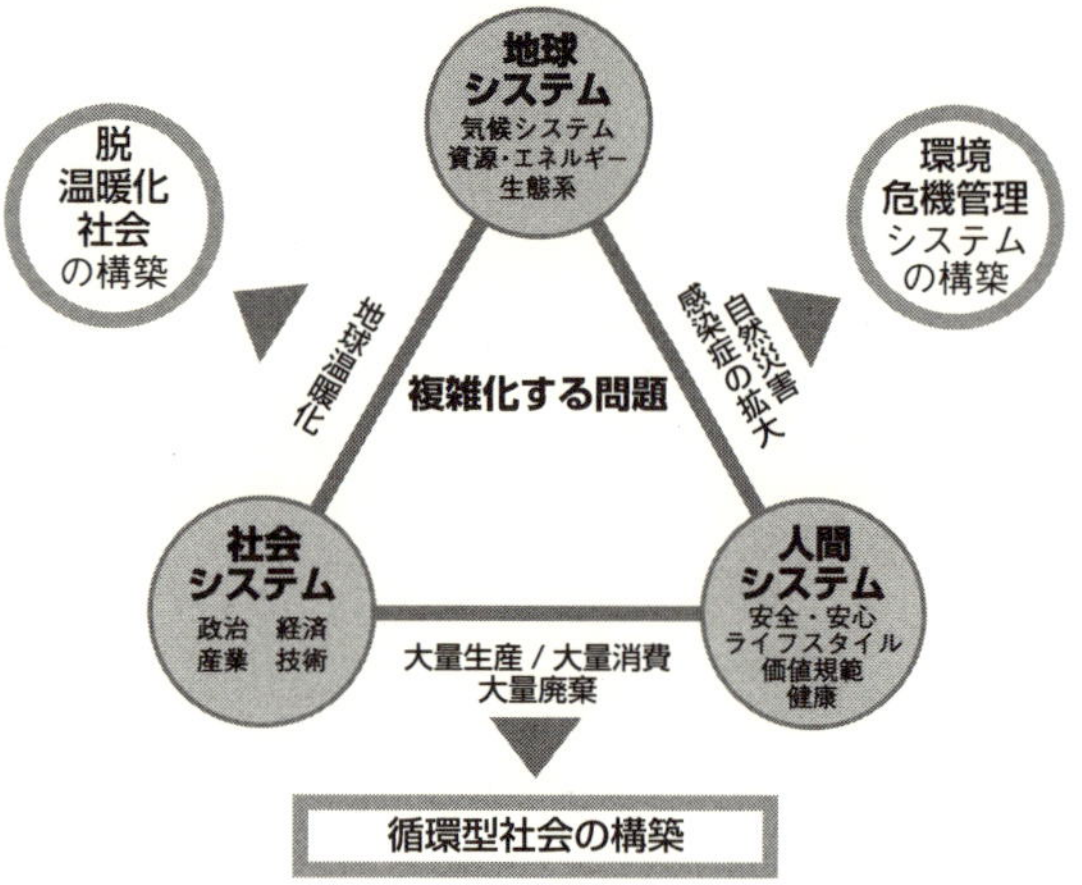


図２－２　サステイナビリティ学の枠組み

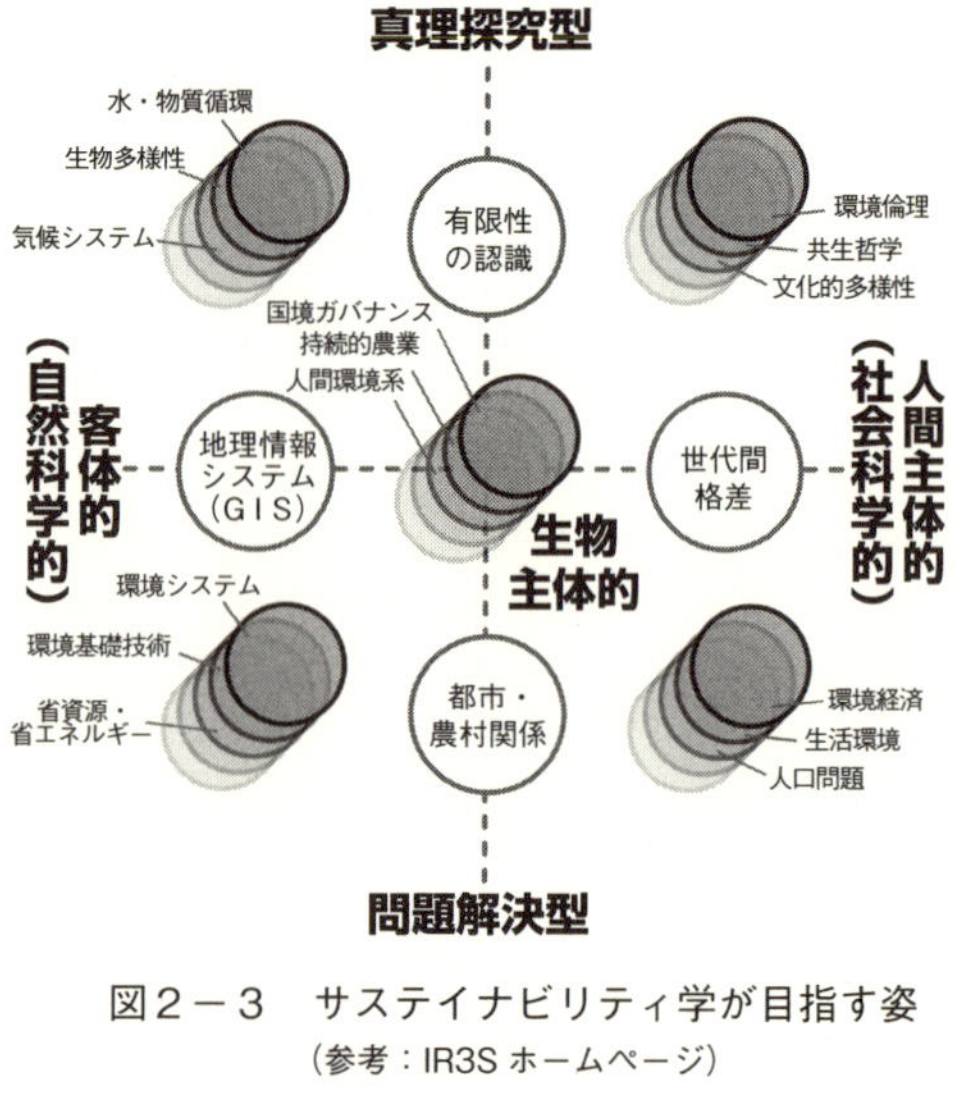


図２－３　サステイナビリティ学が目指す姿
（参考：IR3S ホームページ）

生、まちづくりを意識してこの図を眺めてみると、関連する分野が多岐にわたっていることが理解できると思う。

地域社会のサステイナビリティは、おもに人間システムと社会システムとの関係で考えていかなくてはならないが、地球（自然）システムにもつながっているということを忘れてはならない。

私の所属する千葉大学は、サステイナビリティ学アソシエーション（Chiba University Association for Research in Sustainability Science　以下、CARSS）を設立して、前述したサステイナビリティ学連携研究機構に参加している。CARSSでは食と健康に関わる地域サステイナビリティを研究テーマとして、医学部、園芸学部、薬学部、教育学部、法経学部、工学部の教員がそれぞれの専門分野を活かし共同研究を行っている。私も、学内評価委員としてこの研究に関わっている。

※1　Sustainable development is that which meets all the needs of the present without compromising the ability of future generations to meet their own needs.(The U.N. Brundtland Commission 1987)

※2　http://www.ir3s.u-tokyo.ac.jp/

## 4　サステイナビリティ学と市民科学

### サステイナビリティの指標：地域健康力

これまで、生活の豊かさは、物資、エネルギー、情報などの物理的な量によって語られることが多かった。しかし、生活者個人にとって、心身の健康や、生きがい、達成感などの生

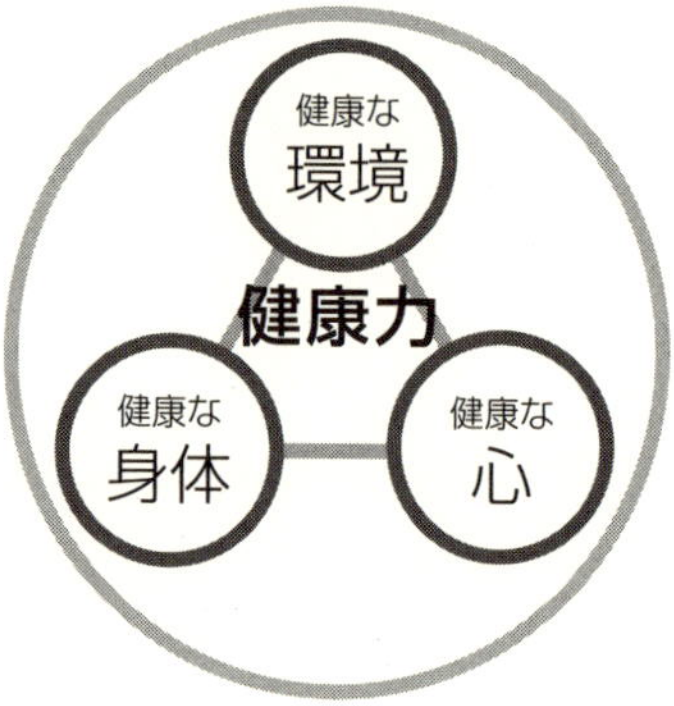


図２－４　地域サステイナビリティと健康力

活の質（Quality of Life、以下ＱＯＬ）が向上しなければ、真の幸福感を得ることはできない。ＱＯＬを保つことができないサステイナビリティを目指すことに、生活者である市民は拒否反応を示してしまう。したがって地域サステイナビリティは、このＱＯＬ抜きに考えることはできない。そして、食と健康の問題はこのＱＯＬ向上のための大きな要素である。

私たちの身体と心（精神）、そして周囲の環境の三点が健康な状態にあるとき、ＱＯＬは高く、人間システムは良好な状態にある。健康な人間システムができていると言えるだろう。

したがって地域社会で大多数の人びとの人間システムが健康な状態であれば、その地域の社会システムも健康だと言ってよいだろう。人間システムと社会システムがともに健康な状態にあるとき、地域健康力が高いということになれば、この「健康力」を高い状態に保ち続けることで、地域サステイナビリティは実現すると思われる。そこには自ずとQOLの高い地域社会があるはずである。地域健康力は地域サステイナビリティの指標である。言い換えれば、地域の人びとの、健康な身体・健康な心・健康な環境（健康的な生活環境）のバランスを示す指標なのである（図2－4）。

地球はしばしば、ガイア（生命体）にたとえられる。地球全体のサステイナビリティを考えるにあたっても、「健康力」というキーワードをあてはめて考えてみると、地球温暖化や気候変動の問題が理解しやすくなるのではないだろうか。この場合は、地球健康力に関する問題なのである。

## 地域健康力と市民科学

大学が地域サステイナビリティの研究を進めていくためには、これまでのように学内に閉じこもり、専門領域の研究を行っているだけではいけない。すでに述べたように、グローナカルな視点を持ち、領域横断型で問題解決にあたらなくてはならない。

また、地域健康力の向上に向けて、具体的な課題を見つけ、目指すべき目標を設定するためには、市民が求めるQOLを的確に把握しなければならない。市民にも研究に参加してもらう仕組みづくりが必要になってくる。

一般的に研究を進めるためには、研究の、背景の把握、課題の整理、目的の設定、方法の決定といった全体の枠組みを定めなければならない。そして、この枠組みの中に、市民や自治体、企業などのさまざまな主体が参加できる基盤を持った、新しい知識生産方法・科学方法論の構築が必要である。

「モード2の科学」と呼ばれる方法論がある。これは、社会に解放された科学研究のことで、市民、産業界、政府の専門家などが対等な立場で参加して、地球温暖化や広域感染症、飢餓、貧困、戦争、少子高齢化などの社会的、公共的または産業的な複合的問題の解決策を領域横断的に探っていく方法論である。これはサステイナビリティ学にとって重要な方法論であり、グローナカルな視点にもとづいた市民科学と言ってよいであろう。この、「モード2の科学」に対して、「モード1の科学」とは、個別学問分野内の論理で研究の方向や進め方を決める、従来型の知識生産の方法論を意味している。

地域健康力を高めるためには、モード2の科学と同様の方法論を持った市民科学をつくりあげていかなくてはならない。

具体的には、市民、自治体、企業、そして地域の大学がともに同じテーブルに着き、地域サステイナビリティ実現に向けて地域健康力を高めるための方策を議論する場が必要である。

## 5　市民科学実験フィールドとしての大学キャンパス

市民科学を創成するための場づくりができた後は、それをどのように地域に適用させていくかといった具体的な方法を考えなくてはならない。理論を実践に移すためには、実験を行い予測される成果を実証的に確かめておく必要がある。

大学の研究者が街の中に構えるサテライト研究室、いわば「まちなか研究室」という試みが全国各地で行われ始めた。中心市街地の活性化のために、商店街の空き店舗などを活用して、地域の人たちとともに考え、行動する場は、まさに街の中の実験室である。

ただ、私は、このような試みのいくつかは大学キャンパス内でもできると考えている。

実際、大学構内には、あまり数は多くないが、学生寮や教員宿舎といった住宅がある。また、校舎群は地域のオフィスビルであり、さまざまな実験棟は工場にもたとえられる。そのほか、附属の小学校、中学校、運動施設、大学生協などの物販施設、研究用の畑まである。街を構成する要素がすべてキャンパスの中に揃っていると言っても良い。そこでは、生活のために、膨大なエネルギーが消費されている。２００７年で、東京都で$CO_2$排出量が最大の事業者は東京大学本郷キャンパスであった。

このように考えると、大学キャンパスが地域環境に与える影響は非常に大きく、まるで一つの街のようであることがわかると思う。大学キャンパスを都市の縮図と考え、これからの環境問題を考えていくための実験フィールドとして活用し、研究成果を社会に還元していくことが、地域環境の改善のための方向ではないだろうか。大学キャンパスを社会資産としてとらえ、大学と都市の問題に連携的に取り組めば、地方都市の閉塞的状況を解消する方法論を提示できるのではないだろうか。

地球温暖化対策のための$CO_2$排出量削減を家庭や地域レベルでどのように行っていけばよいかという問題がある。こまめに電気を消したり、省エネルギー仕様の機器を購入したり、アイドリングストップを実践したりという個人レベルでの対応はもちろん大事であるが、地域のシステムとしてどうすればよいかという方法論はまだ確立されていない。大学キャンパスを街に見立てて、その中でさまざまな試みを行えばその可能性を探ることは意味のある実証実験であろう。前述の東京大学では、本郷キャンパスにおける$CO_2$排出量を２０１２年までに15％、２０３０年までに50％削減するための取り組みを始めた。また、世界レベルでも大学キャンパスでの取り組みがスタートしようとしている。

２００８年６月の洞爺湖サミット直前に、国内外27大学が参加するＧ８大学サミットが開催された。ここで採択された札幌サステイナブル宣言に、「サステイナビリティの実現において大学が果たし得るもう一つの役割は、大学の研究教育プロセスを通じて社会のさまざまなステークホルダーとの交流を行い、サステイナブルな社会の新しいモデルとして自らのキャンパスを活用していくことにある。（中略）大学を社会の実験の場にすることは、将来の社会のサステイナビリティを担っていく学生たちに必要なスキルや行動様式を育むという点においても重要である。換言すれば、キャンパスは実験の場であると同時に教育の理想的な教材であり、大学はサステイナブル・キャンパスなどの活動を通して次世代の社会づくりに貢献することができる。」という一文がある。

サステイナブルな社会の実現手法を実証実験するための場を提供するとともに、その方法を実際に実行していくための担い手を育成していくことが、今や、大学の社会的責任なのである。

そこで、まず、環境問題の解決をきっかけとして、地域と大学が連携して街の課題に取り組んでいく仕組みや方法を考えていく必要がある。そこから徐々に、市民のＱＯＬを考える市民科学が発展する土壌ができあがるのではないだろうか。

欧米には、古くから大学町として発展した地域がある。ケンブリッジ大学のあるイギリス・ケンブリッジ市、ハーバード大学のあるアメリカ・ケンブリッジ市、スタンフォード大学のあるアメリカ・パロアルト市など、訪れるとそこには緑豊かな環境が広がり、学生や教員による賑わいに溢れている。このような大学町では地域と大学が連携して、しっかりとしたエリアマネジメントが行われていることが多い。次章では、いくつかの海外事例を見ながら、地域と大学の具体的な連携内容、その役割分担などを探ってみよう。

# 第3章 大学町のエリアマネジメント

## 1 欧米の大学町

イギリスのオックスフォード大学やケンブリッジ大学、アメリカのハーバード大学やスタンフォード大学は、いずれも長い歴史を持ち、世界をリードする教育・研究の成果を上げている名門大学である。現在も、世界中から大勢の優秀な研究者や学生が集まる。町としても落ち着いた歴史ある佇まいながらも、賑わいがあり、緑豊かで本当にうらやましい環境である。

町自体が大学を中心として発展してきた歴史を持ち、観光ガイドブックにも必ずと言っていいほど紹介され、多くの観光客が訪れている。レストランやカフェでは、教員や学生たちが語り合う姿が見られ、美術館や劇場といった文化施設や巨大なスポーツ施設もある。そし

ケンブリッジ市（アメリカ）
ハーバード大学

ニューヘブン市（アメリカ）
イエール大学

て、どの都市も人口10万人前後の比較的小さな都市である。そこには大都市のように産業や住居が中心になるのではなく、「知」を中心として人が集まるということが実感できる場が形成されている。ここに、21世紀型の地域形成のヒントが隠されているのではないかと考える。

私はこれまで日本建築学会キャンパス計画小委員会の一員として、欧米の大学キャンパスの事例を訪問調査してきた。２００２年から２００７年まで計７回の調査で、アメリカ20大学、ヨーロッパ８大学を訪問し、大学運営やキャンパス計画の担当者にインタビューした。インタビューには、その自治体の都市計画担当者にも同席を願い、訪問大学とその母都市との関係についてもできるだけ多くの話を聞いた。

本章は、その中から、ケンブリッジ大学（イギリス）、カリフォルニア大学デイビス校（アメリカ）、ペンシルバニア大学（アメリカ）、レーンコミュニティカレッジ（アメリカ）の4大学を取りあげ、現地の関係者へのヒアリングなどによって得られた情報をもとにまとめた調査内容（※1）を下敷きに、私の若干の考察を書き加えたものである。大学と都市が連携しながらどのように地域の環境形成を行っているかを紹介していきたい。

※1　都市環境再生を目標にした大学と地域の持続的連携計画・マネジメントに関する研究：小林英嗣、倉田直道、上野武、小篠隆生、坂井猛、有賀隆、三島伸雄、小松尚、岸本達也、斎尾直子、鈴木雅之、鶴崎直樹、平成16－17年度科学研究費補助金基盤研究（B）研究成果報告書、2006年

## 2　ケンブリッジ大学：歴史都市の持続可能な発展

1209年に設立されたケンブリッジ大学は、オックスフォード大学と並んでイギリスの伝統ある大学である。2006年現在学生数約2万人、教職員数8700人、カレッジ数31カレッジ、施設延べ床面積65万㎡の規模を誇っている。

一方、母都市であるケンブリッジ市は人口約10万人で、そのうちの約４分の１が大学関係者であり、市内の建物の３分の１が大学関連施設である。

２００５年５月27日、日本建築学会キャンパス計画小委員会メンバーと一緒にケンブリッジ大学を訪問し、不動産マネジメントおよびファシリティサービスのプロジェクトマネージャである Frank Wells 氏と、プランニングオフィサーである John Clark 氏から情報の提供を受けた。

ケンブリッジ大学はいうまでもなく世界トップクラスの大学であり、２００７年現在、ノーベル賞受賞者を82人も輩出している。このレベルをさらに高めていくため、２０２５年までに学生５０００人、教職員５５００人の増員を計画している。そして、そのための教育研究施設ならびに住居の手当をどのように計画するかが施設マネジメントの課題になっている。

大学の中心はオールドケンブリッジサイトと呼ばれている。キャンパスという言葉はアメリカの大学で使われ始めた言葉であり、イギリスではこれを使わず、サイトと呼んでいる。このオールドケンブリッジサイトは大学発祥の場所であり、由緒ある全寮制のカレッジがここに位置している。全学生はいずれかのカレッジに所属して大学生活を送らなければならない。

カレッジにはさまざまな専門領域の学生が集まっており、基礎的授業はここで行われ、専門科目はユニバーシティ（大学）所属の学部で学ぶことになる。学部の教育研究施設は、１９５０年代から開発されたシドウィックサイトと呼ばれる市中心部の西側にあるが、現

ケンブリッジ市とケンブリッジ大学キャンパス

在はすでに建て詰まりの状態で、中心部から少し離れたウエストケンブリッジサイトの開発が進められている。（図3－1）ここは1930年代に66haの土地取得が行われ、農場として使われていた。1999年になって延べ床面積22万8000㎡の建物を建設するマスタープランが市議会で承認された。その後、一部の土地利用と住宅建設のための修正が行われ、2003年に図のような姿でマスタープランが承認された。現在はコンピューターサイエンスや、ナノサイエンスなどの研究施設、206戸の集合住宅がある。2025年までに、大学の教育研究施設のほか、企業の研究所、教職員の住居の建設が計画されている。マイクロソフトや日立製作所など各国企業の寄付による建物も随所に見受けられる。

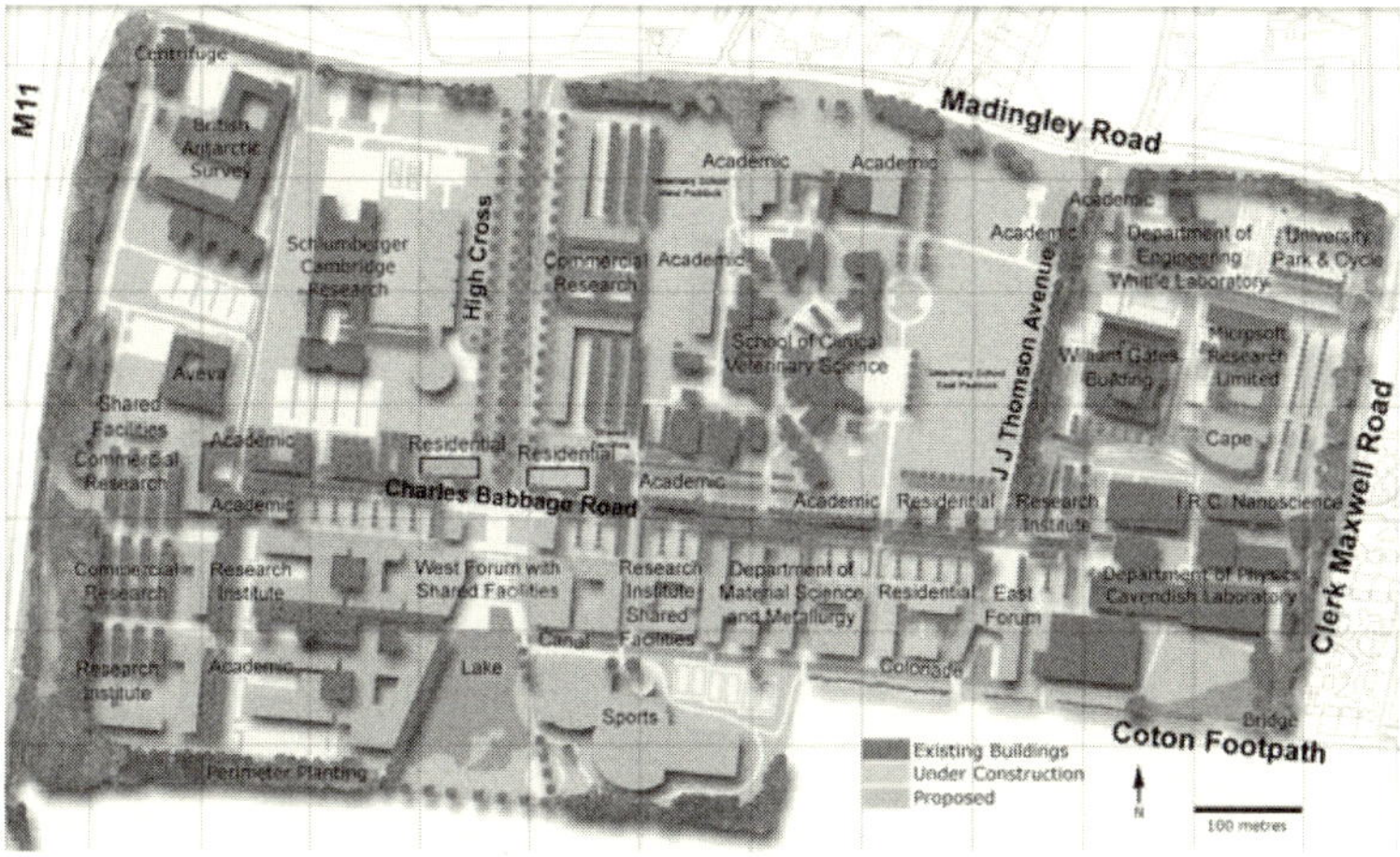


図３－１　ウエストケンブリッジサイト将来計画
（出典：West Cambridge Master Plan 2003）

寄付建物が多いのも海外大学の特徴である。日本では、古くは安田財閥が寄付した東京大学の安田講堂などの事例があるが、企業の寄付に対する税制優遇などがないため事例は少ない。だが最近は、大学から企業への働きかけもあり、東京大学、京都大学などでようやく寄付建物が実現するようになってきた。武田先端知研究棟（東京大学）、ローム研究棟（京都大学）などである。

話が少しそれたが、実は、ウエストケンブリッジサイトを利用しても、増加する学生や教職員の住居をまかなうことができないことが明らかになってきている。そのため大学は、ケンブリッジ市からノースウエストケンブリッジサイトと呼ばれる１４０haの敷地を譲り受け、２００７年から40ha

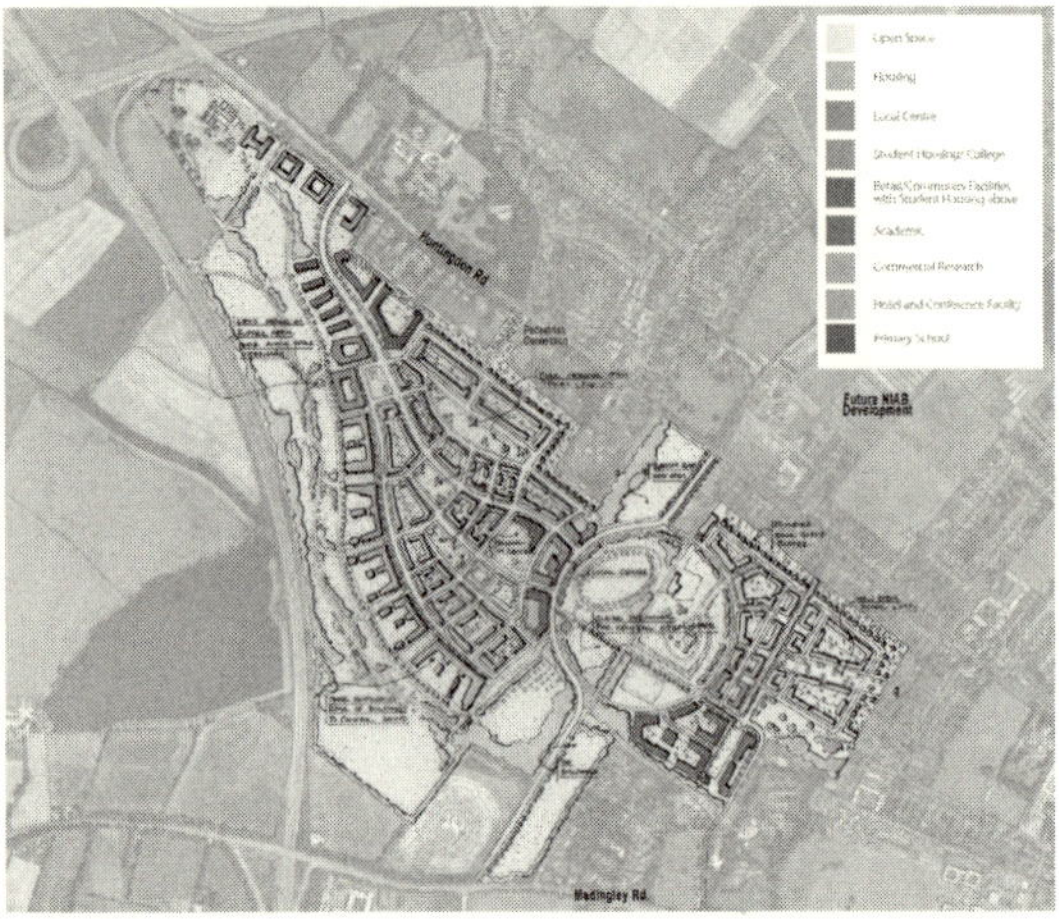


図３－２　ノースウエストケンブリッジサイト将来計画
（出典：North West Cambridge Master Plan）

の住宅エリアに約２０００戸の住居を整備するとともに、約35haの研究エリアを用意する計画に着手している。（図３－２）

このサイトの開発は、「緑豊かな文明化された歴史都市」という基本コンセプトのもと、整備住戸の半数を一般に販売したり、市の条例に則した十分なオープンスペースを確保したり、これまでの大学では考えられないような内容になっている。大学が地域ディベロッパーの役割を担い始めたと言ってもよいかもしれない。ここでは、地域住民とのワークショップの結果をマスタープランに反映しながら計画を策定している。

ケンブリッジ大学の事例は、自治体の協力を得ながら、大学が主体となって地域開発を行っていく珍しい事例の一つであり、大学と地域が共存していくための今後の手法として大いに学ぶべきものがある。

日本にも国策として大学町をつくりあげようとした事例がある。１９７３年に設立された筑波大学は、１９６８年に首都機能の一部移転が閣議決定され、国の研究機関や東京教育大学（当時）を茨城県つくば市に移転し、地域一帯を筑波研究学園都市とする開発計画にもとづいてできたものである。しかし、筑波研究学園都市の場合は、大学・研究機関・住宅ゾーンが都市計画区域として線引きされた場所でそれぞれ個別に計画されたものであり、個々の計画同士の関係性を読み取ることはできない。

筑波大学開学後すでに30年以上が経過し、都市化されたつくば市中心部は、大学や研究施設の周囲にのどかな田園風景が広がる研究学園都市であるが、周辺地域と大学の関係は欧米の大学町に比べるといまだ希薄だと言わざるをえない。しかし、これまで陸の孤島の感が強かったつくば市は、２００６年のつくばエキスプレス開通後、秋葉原まで45分でつながるようになり周辺住宅開発も進んでいる。大学関係者による地域のＮＰＯ活動も盛んになり、大学が地域と連携して都市を持続可能な形で発展させていくためのモデルケースとなりうるのではないかと思う。ケンブリッジ市に比べると歴史は浅いが、50年、１００年を見据えたまちづくりが行われていけば、アジアにおける学園都市の好例になりうるのではないかと考えている。

## ３　ＵＣデイビス：地域の環境保全

### ＵＣデイビスとデイビス市

カルフォルニア大学デイビス校（以下、ＵＣデイビス）は、カリフォルニア州全土に10のキャンパスを持つカリフォルニア大学という州立大学群の中の１校である。我が国ではカリフォルニア大学の本部があるＵＣバークレー（バークレー校）や、ＵＣＬＡ（ロサンゼルス校）などがよく知られている。ＵＣデイビスは１９０９年ＵＣバークレーの農学専門学校としてスタートしたが、１９５９年にカリフォルニア大学の１キャンパスとなり、現在は総合大学となっている。

自転車をあしらったデイビス市ロゴマーク
（デイビス市ホームページより転載）

大学所在地のデイビス市はカリフォルニア州の州都サクラメントから西に約18㎞、サンフランシスコの北東約１２０㎞に位置していて、２００５年1月現在、２３３０haの都市計画区域に約６万人の人びとが生活している。

一方、ＵＣデイビスは、２１４４haのキャンパスに、約2万７０００人の学生、約1万人の教職員が活動している。大多数がデイビス市で生活しており、市の人口の３分の２は大学関係者ということになる。

デイビス市は農業と共存する大学都市であり、全米の中でも有数の

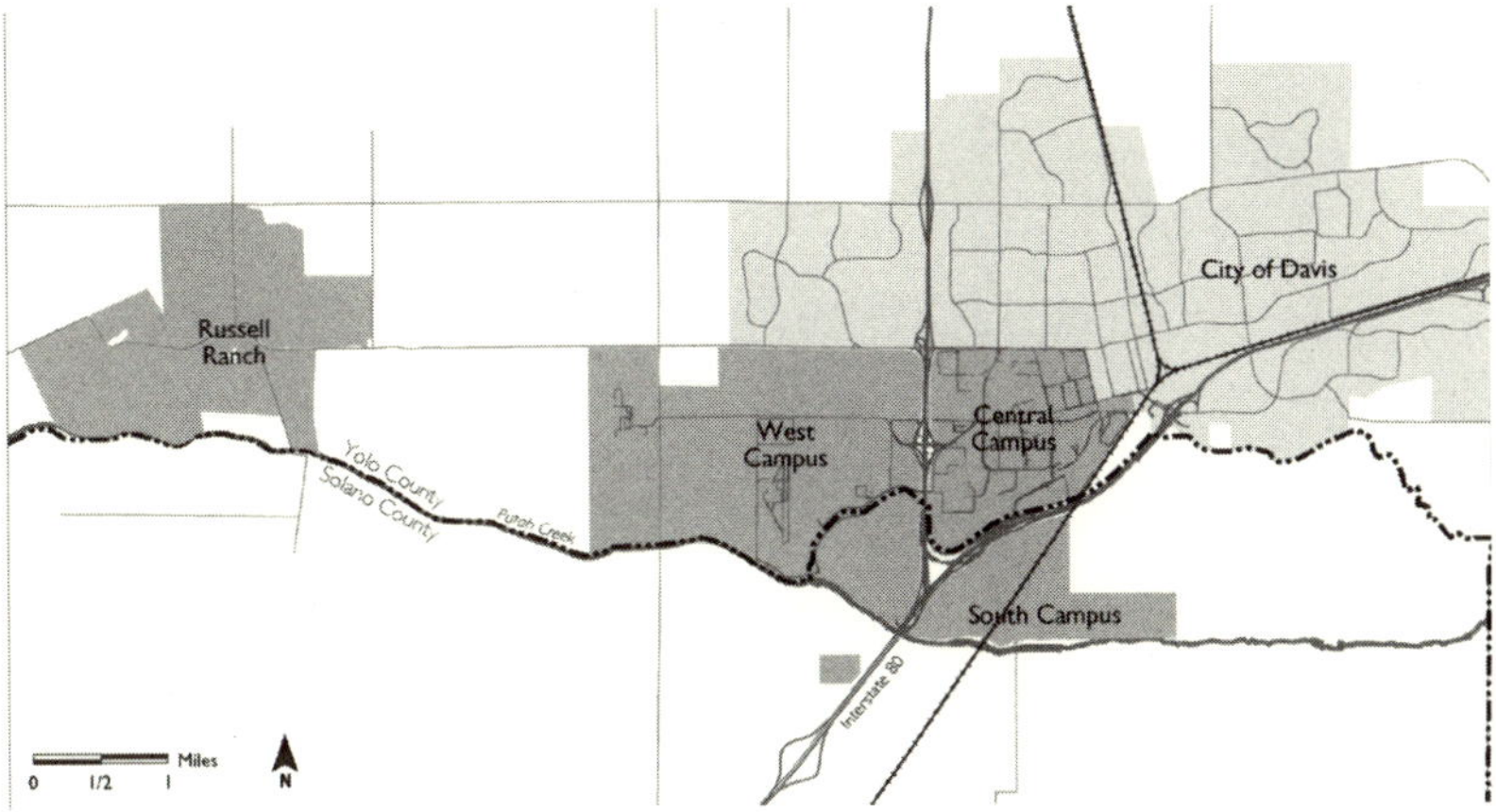


図３－３　デービス市とＵＣデービスキャンパス
（出典：UC DAVIS NEIGHBORHOOD MASTER PLAN 2003-2015）

環境保全都市として知られている。市のマークに自転車が使われていることからもわかるとおり、市と大学共同でできるだけ車を使わないライフスタイルの実現を進めてきた。

## ＵＣデイビス訪問

２００４年10月30日、キャンパス計画小委員会メンバーと一緒にＵＣデイビスを訪問した。大学の施設計画担当者にキャンパス計画についての話を聞くことを中心に、できればデイビス市の都市計画担当者に大学キャンパス計画と市の都市計画との関係をインタビューしたいと申し入れた。

大学本部のあるマークホールに到着すると、驚いたことにデイビス市長のルース・アスムンドソンさんが、市の都市計画担当部長とUCデイビスの副学長と一緒に我々を出迎えてくれた。

## 大学キャンパス計画とデイビス市の都市計画

デイビス市が直面する大きな課題は、UCデイビスが2003年に作成した長期計画の中で、2015年までに学生数を3万2000人、教職員数を1万5000人に増やすと発表したことにある。

デイビス市長アスムンドソンさん（当時、写真左）

UCデイビスのキャンパス内にある学生寮は収容人数に限りがあるため、これまで市内の戸建て住宅を大学が借りあげ、そこに学生数人が生活するシステムをつくりあげてきた。高齢者である家主と学生たちが共同生活を行っているという事例も少なくない。まさに学生の街、大学の街の理想像をつくりあげようとしてきた。一方で、夜中まで騒々しい学生の生活スタイルや、一つの住宅の周りに居住学生全員の車が駐車してしまい、ほかの市民の駐車する場所がなくなってしまったり、卒業時に不要な家具を放置していったりというトラブルが頻繁に起こり、苦情も多く寄せられるようになってきた。

また、環境保全を大事にするデイビス市の方針で大規模宅地開発を抑制してきた結果、住宅価格の高騰をまねき、大学の若い研究者や市職員がデイビス市内に住宅を所有することが困難になり、市街から通勤せざるをえない人達も増えてきた。

今後、学生数の増加に伴い、大学教職員も増えていくため、デイビス市は彼らのための住宅を市内に確保するとともに、急激な都市スプロールを伴わない開発手法を生み出す必要に迫られた。

デイビス市民の多くは環境保全に意識の高い人達であり、急速な発展を望んでいない。また、高密度な住宅地が出現することも望んでいない。しかし、町の中心部になんでも手に入る便利な大規模店舗がないことに不満も持っている。また、大学町でありながら、学生が近所に住むのをあまり快く思わない市民もいる。つまり、矛盾する考え方が市民の中に同居しているのである。

市のほうは、周辺の農地を守り農業を発展させることを考えながら、市街地に大学関係者の住宅を増やし、生活利便性を高める開発を行っていかなくてはならない。多くの大学関係者が町に住めば、町の文化成熟度が上がっていくうえ、大学教員が市の委員会などへ参加しやすくなるだろう。

市としては、どのように経済発展と環境問題のバランスをとっていくかが頭の痛いところであり、避けて通れない課題である。現時点では、郊外に大規模店舗を誘致するなどしてスプロール化を助長するような計画を行わないと決めているそうだが、中心市街地がある程度高密化するのは避けられないとも考えている。

このような状況の中で、大学はキャンパスの西にある圃場の一部を使って大規模な学生教職員用の住宅を開発するマスタープランを発表した。約90haの土地に、約4300人の学生・教職員が生活できる近隣住区をつくるというものである。デイビス市の中心市街地にも匹敵する規模を持つことから、商店街や近隣公園、リクリエーション施設など市民が利用できる施設も合わせて計画されている。キャンパスへの移動は車ではなく、自転車やバスを利用し、自然環境をできるだけ保全するとともに、太陽光などの自然エネルギーを積極的に利用することにもなっている。

ここで一つ問題になってくるのは、大学キャンパス内は州政府の管轄であり、市はそこの土地利用権限を持っていないということである。しかし、多くの市民は、大学は市の一部であり、当然市民の意見が反映されるべきだと考えている。

近隣住区マスタープランの発表後、大学（学）、行政（公）、市民（民）による審議会が行われ、議論が始まった。大学が地域と連携して、都市が直面する問題の解決方法を打ち出し実現していこうという姿勢は我が国でも大いに学ぶべき姿勢であろう。大学主導ではあるが、公民学の連携によるまちづくりと言ってよいものである。

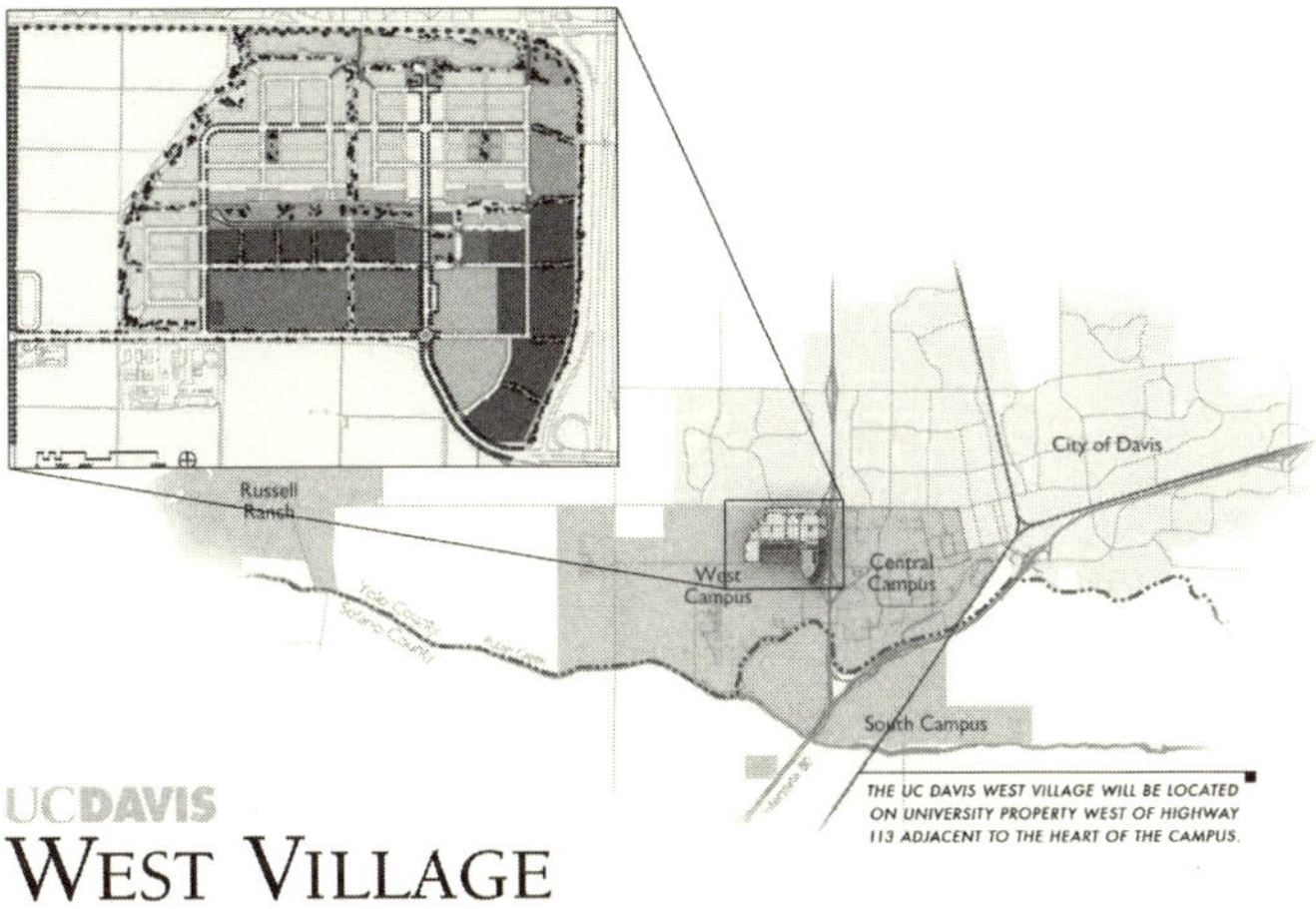


図３－４　ＵＣデイビス・ウエストビレッジ計画
（出典：UC DAVIS NEIGHBORHOOD MASTER PLAN 2003-2015）

審議会で、大学は開発地の北側の市民としばしば衝突した。デイビスは大学のためにある町であり、大学があってのデイビスだとはわかっていても、自分たちの住む地域のすぐ南側に大規模な開発が行われることは、あまり好意的に受け取られなかったようである。

その結果、計画地の北側部分を緑地として整備し、北側道路から計画地には直接アプローチできない計画とした。しかし、個人的にはもう少し議論を進めて既存の住宅地と融合する計画にしてもよかったのではないだろうかと思う。２００８年の段階でまだ着工はしていないが、２段階のフェイズに分けて開発を進めていくようなので、今後の展開に期待したい。

アメリカにはデイビス市のように、市民の大多数が学生と大学関係者という、いわゆる「大学町（キャンパスタウン）」が多数存在する。本章で紹介している大学以外にも、スタンフォード大学のあるパロアルト市、コーネル大学のあるイサカ市、カリフォルニア大学バークレイ校のあるバークレイ市、イエール大学のあるニューヘブン市などが有名である。これらの大学に入学した1年生は、学生寮にはいることが義務づけられている。2年次以降は、数人で市内の住宅をシェアしながら共同生活をおくることがあたりまえになっている。教職員も学内や市内に住み、大学町をつくりあげることに貢献している。彼らはリタイアした後もその町に住み続けることが多く、その町に誇りを持っている。

我が国の大学では、キャンパス内に大勢の学生を収容することのできる学生寮を設けることが少なくなったため、学生たちはキャンパス周辺のアパートに一人暮らしをするか、多少遠くても自宅から通学するという場合が多い。教職員も、キャンパスのすぐそばに住むというよりは、大多数は利便性の良い場所に住み、大学に通勤している。

デイビス市のように大学が持つさまざまのポテンシャルを身近に感じることができるような生活環境をつくりあげていくことは、これからの地方都市の持続的な発展のあり方を指し示す一つの方法として、我が国でも大いに参考にすべき事例なのではないだろうか。

## 4　ペンシルバニア大学：大学による安全安心な地域形成

ペンシルバニア大学（以下、ペン大）は1755年に設立された私立大学で、アメリカ合衆国のアイビーリーグの一つである。大学のあるフィラデルフィア市はペンシルバニア州の州都であり、人口150万人を超える全米第5位の大都市である。

2004年11月1日、キャンパス計画小委員会メンバーとペン大を訪問した。

ペン大は、設立当初は市の中心部にあったが、1870年代から1900年代にかけて市内を流れるシェイルキ川西側の現キャンパスに移転した。もともとこの地帯は、低所得者層の住宅や工場地帯があったところで、大学キャンパスを一歩外に出ると治安の悪い地域が広がっていた。

その影響もあり、UCデイビスやケンブリッジ大学と違って、ペン大関係者で大学周辺に住む人たちは全体の8%程度であった。

大学周辺の安全性確保、学生や教職員用の住宅確保のため、1980年代から「Discovery Campus」という施策が始まり、大学自らが周辺地域の防犯計画、照明計画、植栽計画などに積極的に関わり、複合用途開発にまで着手するようになった。大学の独自財源だけに頼るのではなく、民間の資金や手法を取り入れたPPP（Public Private Partnership）という仕組みを導入し、公共と民間の連携・協働で公共性の高いプロジェク

フィラデルフィア市とペンシルバニア大学キャンパス

トを実施していることに大きな特徴がある。

１９９８年には住宅購入価格の１０５％までを貸しつける大学独自の融資制度を創設し、２００１年までに２７６名に及ぶ教職員がこの制度を利用して大学周辺に住居を構えることになった。また、教職員が大学周辺で生活を送るためには公教育の質の向上が必須であることから、１７０名を超える教職員と学生が、大学周辺地域の33の公立学校で、地域の教育者や住民とともに、１３０以上の教育プログラムを実施している。学生や教職員が大学の近くに住居を構えることは、教育や研究に割く時間が増えることにつながる。また、教育や研究から離れた場でも大学関係者同士のコミュニケーションの機会が増える。

これらはすべて、大学の教育や研究のパワーの増大につながるという認識のもとに行われているのである。

かつては日本でも数多くの学生寮が存在した。そこで、学んだり研究したりする専門領域を越えた交友が生まれ、築かれた人間関係が卒業後も長く続き、さまざまな場面で役に立つことが多かったはずである。もちろん、学閥偏重主義などの弊害を生んだことも否めないが、世界レベルでの大学競争力が求められる今日、もう一度学生寮に住む、あるいはできるだけ大学のそばに住むということの意義を考え直したほうがいいように思う。

ペン大の都市に対する取り組みは現在も続いている。大学施設計画・マネジメントに加えて不動産のマネジメントを統合した組織をつくり、ＰＰＰによる開発を積極的に行っている。具体的には、キャンパス内の住宅供給のほか、キャンパスとシェイルキ川に挟まれたキャンパス東地区の整備、複合用途開発、キャンパス南部のメディカルセンターの拡張計画などである。

とくに、キャンパス東地区の開発は、大学と都市の関係づくりという面で特筆されてよいであろう。川沿いの約17haの土地は高架線路や道路、工場跡地などがあり、いわば取り残された地域になっている。大学は、ここに住居や商業施設、レクリエーション・スポーツ施設からなる複合施設を構想している。近隣との関係構築が可能な機能と空間を用意することで、周辺や都心部との空間的連続性を生み出し良好な都市環境を生みだそうという計画である。

このような計画のための財源をどのように確保しているのか、大学関係者としては大いに興味のあるところである。ペン大の施設整備財源は年間で1億500万ドルであるのに対し、民間資金の導入は3年間で4億5000万ドルにのぼっている。PPPは、新設建物の場合、60年間の償還期間を設定している。現在のペン大は多くの企業から魅力的な投資先として考えられているため、PPPのパートナー選定についてはあまり苦労していないようである。

民間の資金や手法を積極的に導入し、多角的かつ戦略的なマネジメントが実行できているのは、ペン大が私立大学であること、市の財政力が十分でないこと、大学不動産に対する課税がないことがあげられる。さらに、大学は周辺地域への貢献や還元が必須だと考えていることにも注目すべきであろう。周辺環境が悪化した場合に優秀な学生や教職員が集められないということを体験してきたことがペン大の都市への関わり方を生み出してきたと言える。

我が国の国立大学も法人化前後から、PFI（Private Finance Initiative）という手法で、民間の資金や経営能力および技術的能力を活用して、大学施設の建設、維持管理、運営などを行ってきた。当初は、国がその償還資金を保証することになっていたため、各大学がこぞってこの方式を取り始めようとしたが、結局国が用意する全体資金の関係で実現したものはそれほど多くなかった。現在は、償還費用をすべて大学で負担することになっているため、また、我が国では大学が民間企業の魅力的な投資先になっていないため、パートナーとなる民間企業が二の足を踏むことが多いようである。大学の財務状況を認証機関に格づけし

**図３－５　ペンシルバニア大学キャンパス東地区開発計画概念図**
（出典：Penn Connects: A New Master Plan）

てもらう動きもこのような背景にもとづいたものである。

ペン大に類似する我が国での取り組みとしては、新宿区・都市機構・地域商店街・早稲田大学が東京の西早稲田周辺地域の再生計画を協働で構想していることがあげられる。大学キャンパス周辺の再生を目指し、街路・地下鉄駅のネットワーク、公園・緑地の拡充、公的団地・居住環境、そして学校施設の更新など、既成市街地におけるまちづくりの課題を、大学が主体的に参加して取り組んでいこうというものである。資金面での課題を解決していかなくてはならないが、このような取り組みが増えていけば、成長を前提としない都市の持続可能モデルをつくりあげる手法が構築されていくのではないだろうか。

## 5　レーンコミュニティカレッジ‥

## 地域人材育成と高齢者の学び直し

アメリカのレーンコミュニティカレッジは、州政府等が設立した公立の2年制大学であり、地域密着型の教育を行っていることに大きな特徴がある。

2007年11月19日、キャンパス計画小委員会メンバーとアメリカオレゴン州ユージン市東部郊外にあるレーンコミュニティカレッジ（以下、LCC）を訪問した。

本項は、Mary Spilde 学長、Greg Morgan 財務担当副学長補佐に直接インタビューした結果と、ホームページの内容などから得た情報をまとめたものである。

ユージン市はオレゴン大学を中心とした大学町として有名であるが、このLCCは、オレゴン州第二の都市であるユージン市（人口15万3000人）を郡都としたレーン郡の住民をおもな対象として特徴的な教育を行っている。2年制大学といっても日本の短期大学とはその性格が大きく異なっている。

このカレッジの使命は、

① オレゴン大学などの研究大学への進学や、企業へ就職するための準備教育

②さまざまな職業のスキルアップのための教育
③生涯学習や語学学習の機会提供
④地域コミュニティへの貢献
となっている。

学生数は約3万5000人で、ほとんどは個別科目を学ぶパートタイムの学生であり、単位取得が目的のフルタイム学生は約1万2500人である。また、パートタイムの学生の平均年齢は36歳、単位取得が目的の学生の平均年齢は29歳である。大学の学生は18歳から22歳というのが典型的な姿であるが、ここではさまざまな年代の学生が集まっていることがわかる。授業は25人から35人程度の少人数クラスで行われている。

LCCでの教育でもっとも特徴的なのは、地域企業雇用者の再教育である。働こうとする人は自分の職業技術を向上させようとする。大学はそのために特定の分野の訓練プログラムを用意している。例えば、ソフトウエアの変化に伴って情報技術のクラスが必要になると考え、新たなビジネス分野に対応したプログラムを用意している。具体的には、スモールビジネス・ディベロップメントセンターと共同で作成した職業訓練プログラムを通して再教育を行っている。

すべての職業訓練のプログラムにアドバイザー委員会があり、メンバーは学生を雇う立場にある地域企業人で構成されている。カリキュラムやプログラムを企業のニーズに適合させるための提言や、訓練や技術習得のために必要な機器の寄付などを行っている。自動車関連の最先端修理技術や飛行機の整備技術の習得プログラムなど、その幅広さには驚かされる。

ＬＣＣが、雇用者の再教育とは別に重要な教育プログラムになると予想しているものに、高齢者教育プログラムがある。日本の団塊の世代にあたるベビーブーマーが全国的にリタイアして高齢化する中で、ＬＣＣはシニアに焦点を当てたプログラムを持とうとしている。まだ取りかかり始めた段階ではあるが、リタイアしてもまだ元気に大学で学びたいと考えている人達へのプログラムの提供、また、シニアへの介護を提供できる人材養成プログラムなどがある。

地域住民の健康維持に関する問題の解決は、ＬＣＣで最重要のプロジェクトとして位置づけられている。そのために、看護学、老年学、衛生学、救急学などに関連する訓練拠点となる施設を準備しているところである。

次に重要なプロジェクトは、ユージン市内のサテライトキャンパスに関するものである。かつてはデパートだった建物がＬＣＣに寄付されたため、そこを活動拠点とし、行政やディベロッパー、企業などと連携して、ＬＣＣ単独で行うにはむずかしい大きなプロジェクトを実施していくことが計画されている。

レーンコミュニティカレッジキャンパス

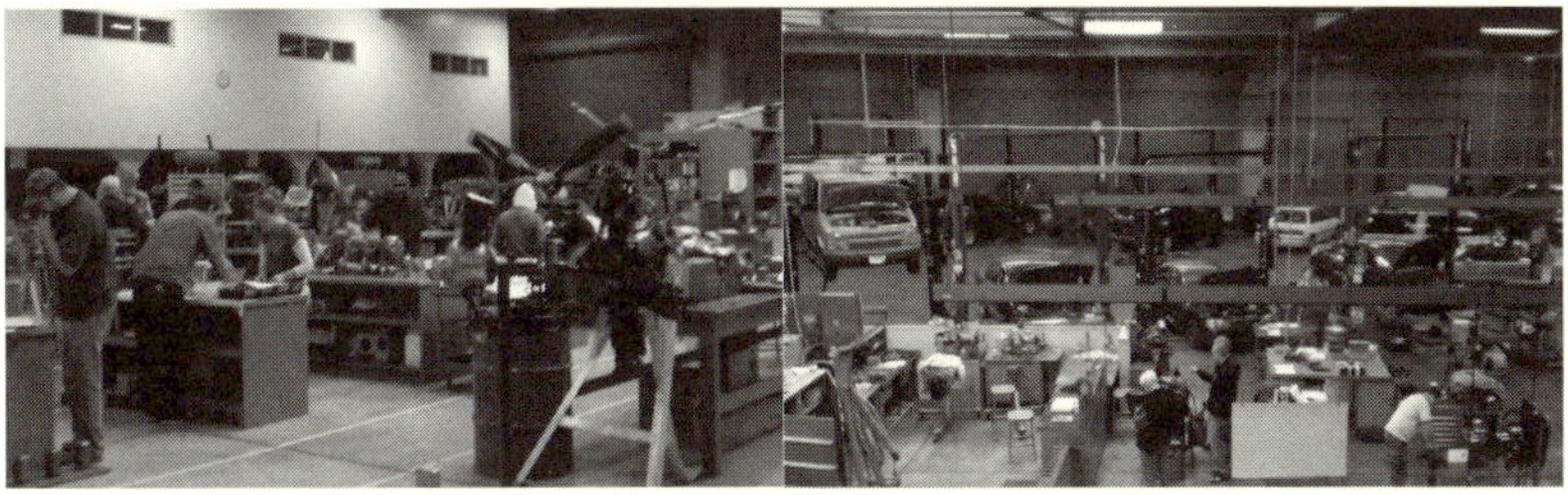

職業訓練プログラムスタジオ（左　飛行機整備、右　自動車整備）

コミュニティカレッジは４年制の研究大学と違って、コミュニティと変化のペースに合わせてその教育を行っていくことを求められる。コミュニティのニーズの将来を見通すのはとてもむずかしいことではあるが、計画を定期的に見直すことでそれに対応していこうとしている。ＬＣＣが健康維持に関するプロジェクトを最重要視しているのも、地域の健康に対するニーズに応えたものである。ＬＣＣと地域との関係は直接的なのである。

コミュニティカレッジの使命はつねにコミュニティ志向である。地域住民は、本人が望めば、生涯のうちに何度でもＬＣＣに戻ってきて新しいスキルを身につけることができるのである。ユージン市は木材産業で栄えた町であるが、材木産業に従事する人達は肉体的にきつい仕事をこなさなくてはならない。年をとったら年齢にふさわしい仕事をしたいというとき、ＬＣＣはそのためのスキルを提供する場であり、年齢を問わない人材育成の場となっている。

地域の課題にしっかりと対峙し、市民のＱＯＬを高める取り組みは、我が国の大学も見習ってよいものではないだろうか。地域社会のサステイナビリティを高めるために、領域横断型の市民科学に取り組んでいくためには、これまでの学問体系にとらわれない大学の姿勢が求められているように思う。

# 第4章

# 大学地域連携

## ——日本の状況——

### 1　大学と地域の連携によるまちづくりワークショップ

イギリスやアメリカでは前章で紹介した事例のほかにも、大学と地域が連携したさまざまな取り組みが行われている。では、我が国ではこのような取り組みはどのようになっているのであろうか。

産業界と大学研究室が協働で研究に取り組む産学連携や、大学教員が学識経験者として自治体の諮問委員等になる事例は、数多くある。また、数多くはないが、国の施策として産・官・学が一体となった学術研究都市をつくりあげるという取り組みもある。筑波研究学園都市や京阪奈学術研究都市、北九州学術研究都市などがこの事例である。

「大学と地域が連携したまちづくりワークショップ」を開催
酒田（東北公益文科大）
・市民に開かれたキャンパス整備
・学生ボランティア活動（飛鳥の清掃など）
高崎（高崎経済大）
・学生によるNPO活動（若者の就職支援など）
・実践的教育・研究（中心市街地の活性化に向けたイベントなど）
宝塚（関西学院大、甲子園大、宝塚造形芸術大）
・実践的教育・研究（中心市街地の活性化に向けた社会実験など）
別府（立命館アジア太平洋大）
・国際化時代に対応した教員・学生構成を活かした地域との連携（学生の企画による市民交流イベント・留学生の出店など）
岩見沢（北海道教育大）
・芸術・スポーツによる地域振興
柏・流山（千葉大、東京大）
・留学生の受け入れ環境整備（情報サービス、共同住宅整備など）
・環境・健康をテーマとするまちづくり
瀬戸（大学コンソーシアムせと）
・留学生の受け入れ環境整備（ホームステイプロジェクト
・学生による空き店舗の活用
豊橋（豊橋技術科学大、愛知大、豊橋創造大）
・広域的な防災活動
・実践的教育・研究（中心市街地への店舗開業など）

図４－１　大学と地域が連携したまちづくりワークショップ開催都市
（出典：内閣官房都市再生本部ホームページ）

これらは、そこに住み、市民のＱＯＬの向上を図るというよりも、産業育成といった20世紀型の効率優先社会の学術基盤をつくるという方向である。

大学が公開講座を開催し、市民のために生涯学習の機会を提供するという取り組みももちろんたくさん行われているが、どちらかというと一方通行の講義が多く、市民と同じ目線で一緒に問題を共有するという姿勢に欠けているように思う。

今求められているのは、1章で述べたように、21世紀型の環境とＱＯＬを問題にした、大学と地域の連携である。

平成17（2005）年の10月末から11月末にかけて、山形県酒田市、群馬県高崎市、北海道岩見沢市、兵庫県宝塚市、愛知県瀬戸市、愛知県豊橋市、千葉県柏市・流山市、大分県別府市の8地域（開催順）で内閣官房都市再生本部の呼びかけによる「大学と地域が連携したまちづくりワークショップ」（以下ＷＳ）が開催された。（図4－1）

各地におけるＷＳ参加メンバーは、首長をはじめとする自治体関係者、地域との連携を行っている大学関係者、まちづくりに関わるＮＰＯメンバー、首相の諮問機関としての都市再生戦略チーム、国関係者としての内閣官房都市再生本部、内閣府地域再生本部である。そのほか、地域に応じて国土交通省や、経済産業省、県関係者が加わって活発な討論が行われた。ＷＳは8地域の具体的な取り組み事例を通じて、大学と地域の連携方法について、今後の可能性と方向性を探ることを目的とした。

※　ＷＳ時の配付資料および内閣官房都市再生本部のホームページ（http://www.toshisaisei.go.jp/）で紹介されている議事録・自治体資料・大学資料をもとにしている。

ワークショップ開催にいたる背景

このＷＳに先立つこと3年前の平成14年、内閣官房都市再生本部（現、内閣官房地域活性化統合本部）は「全国都市再生の推進～稚内から石垣まで～」という目標を掲げ、市町村やＮＰＯなどが行っている都市再生活動を対象とした「全国都市再生モデル調査」を全国から募集した。平成15年から毎年約１６０件が採択され、それぞれに調査費が交付されている。

平成17年度までに、これらの中の１４１件が、まちづくり交付金（総事業費約４２５０億円）によって事業化され、効果を上げている。

このような動きの中、地域と大学の連携によって都市再生に関する調査を行う事例も徐々に増え始め、平成17年度には採択案件の約９％が地域と大学の連携によるものになっている。

これは、まちづくりに関わる自治体やＮＰＯが、大学という地域資源に徐々に目を向け始めた表れだと考えられる。

一方、大学側は少子化による学生数の減少など運営のむずかしさに直面し、競争力の強化を目指すために、その活路を地域との連携に見いだし始めたと言うことができよう。また、国立大学の法人化により大学運営サイドの意識が変わってきたという側面もあるだろう。

そして、このような全国都市再生モデル調査のうち、都市再生本部が大学と地域の連携に関わる事例から８地域をピックアップし、ＷＳを開催するに至った。

## ＷＳの概要

**表４－１**は、ＷＳの概要を一覧表にまとめたものである。平成12年と平成17年とを比較した各都市の人口と人口増加率、および大学の学生数を概数で示し、人口の少ないほうから順

に並べている。

都市規模から見ると、都市は、ⅰ．人口10万人以下で、人口増加率がマイナス成長の小規模都市である２地域（岩見沢市、酒田市）、ⅱ．人口10万人強で、人口増加率が横ばいの小規模都市である２地域（瀬戸市、別府市）、ⅲ．人口20万人から30万人台で、人口増加率が１～３％の中規模都市である４地域（宝塚市、高崎市、豊橋市、柏・流山市）の３つのグループに分けることができる。小規模都市では人口増加率がマイナス成長または横ばいであり、地域人口の減少にどのような歯止めをかけるかが重要な課題であることが推測できる。

次に、都市と連携する大学の規模を見ると、小規模都市では学生数が千人から４千人程度である。ＷＳには小規模都市で学生数が１万人を超える大学の事例は見られないが、瀬戸市のように学生総数３万６０００人の６大学コンソーシアムと連携を図っている事例もある。一方、宝塚市や豊橋市のような中規模都市では学生数が１万人以上の大規模大学が連携の相手になるほか、小規模大学も加わった複数の大学との連携・協働する事例が多い。

ＷＳの事例には見られないが、小規模都市で大きな大学が立地する場合、その連携効果が大きいことは、海外事例から推測することができる。例えば、人口約６万人のアメリカデービス市では、その６割をカリフォルニア大学デービス校の学生・教職員が占めている。

| 5 | | | | 6 | | 7 | | | | 8 | | |
|---|---|---|---|---|---|---|---|---|---|---|---|---|
| **宝塚市** | 関西学院大学 | 甲子園大学 | 宝塚造形芸術大学 | **高崎市** | 高崎経済大学 | **豊橋市** | 豊橋技術工科大学 | 愛知大学 | 豊橋創造大学 | **柏市・流山市** | 東京大学 | 千葉大学 |
| 22万人 | 19千人 | 1千人 | 2千人 | 25万人 | 4千人 | 37万人 | 2千人 | 11千人 | 1千人 | 38万人<br>15万人 | 28千人 | 14千人 |
| 3.2% | | | | 2.1% | | 2.1% | | | | 1.9%<br>1.4% | | |
| 文化の香り漂う都市ブランドの創造とフィールドワークによる都市再生マネジメント教育 | | | | 大学の地域課題解決への取り組みと学生の活力を活かしたまちづくり | | 大学と地域の包括的な連携による広域的な課題への取り組み | | | | 大学の学術研究資源を活かした環境・健康・国際都市の形成 | | |
| ・学生による空き店舗の活用<br>・学生との連携によるオープンカフェ社会実験<br>・学生、住民が連携したアイ湯体験プロジェクト<br>・出前運動教室<br>・学生による都市ブランドデザインの提案<br>・宝塚歌劇の資源再生<br>・多様なプレーヤー参画 | | | | ・自治体と連携した学生ＮＰＯの設立<br>・学生によるラジオ番組作成（ラジコム事業）<br>・学生による就職支援（ジョブカフェぐんま） | | ・地域防災セミナーの開催<br>・エコ地域づくり戦略プラン<br>・三河コンヴェクションアカデミー構想<br>・中心市街地への店舗開業<br>・フレンドシップ事業の推進 | | | | ・外国人研究者、留学生が安心して暮らせる住環境づくり<br>・ケミレスタウン構想を通じた環境健康まちづくり<br>・ＩＴを活用したユニバーサルデザインのまちづくり<br>・日本一の八重桜並木プロジェクト | | |

（注：人口・人口増加率は平成 17 年国勢調査による概数
http://www.stat.go.jp/data/kokusei/2005/youkei/index.htm）

表4－1　ワークショップの概要

| | | 1 | | 2 | | 3 | | 4 | |
|---|---|---|---|---|---|---|---|---|---|
| 都市／大学 | | **岩見沢市** | 北海道教育大学岩見沢校 | **酒田市** | 東北公益福祉大学 | **瀬戸市** | 大学コンソーシアム瀬戸<br>名古屋学院大学ほか5大学 | **別府市** | 立命館アジア太平洋大学 |
| 都市人口 | 学生数 | 8.3万人 | 0.8千人 | 9.8万人 | 1千人 | 13万人 | 36千人 | 13万人 | 4千人 |
| 人口増加率<br>(H12～H17) | | −2.1% | | −3.0% | | 0.2% | | 0.3% | |
| テーマ | | 大学と地域の連携による芸術・スポーツのまちづくり | | 学生と地域が協働したまちづくりと大学キャンパスを活かした文化拠点の創出 | | 愛知万博を契機とした国際交流と、複数大学と連携した都市拠点の形成によるまちづくり | | 国際化時代に対応した教員・学生構成を活かした地域との連携 | |
| プロジェクト | | ・岩見沢校の位置づけをまちづくりに活用（芸術とスポーツ）<br>・道教大アートファクトリー棟の活用<br>・学生による空き店舗の活用計画 | | ・公益学の実践<br>・垣根のないキャンパス<br>・街なかサテライトキャンパス<br>・学生による飛島クリーンアップ作戦<br>・バリアフリーのまちづくり<br>・アートプロジェクト | | ・大学コンソーシアム瀬戸拠点形成（パルテイせと）<br>・施策協働プログラム<br>・生涯学習サポートプログラム<br>・サテライト教室<br>・学生による空き店舗の活用<br>・一市町村一国フレンドシップ事業（ホームステイせとの家） | | ・留学生による国際色豊かなまちづくり<br>・学生による新しい祭りの企画運営<br>・国際通り空き店舗の活用<br>・他大学との連携 | |

さて、それぞれの地域における大学と都市の連携テーマと、それを実現するためのプログラムを見てみると、

・市街地の活性化を目的とした事例（全8地域）
・教員や学生などの人的資源に重点を置いている事例（柏市・流山市を除く7地域）
・街の個性化（ブランドづくり）を目指す事例（3地域：岩見沢市、宝塚市、柏市・流山市）
・街の環境形成やキャンパスの活用に重点を置いている事例（2地域：酒田市、柏市・流山市）
・包括連携による広域的課題解決を目指す事例（2地域：瀬戸市、宝塚市）

といった傾向が見てとれる。とくに、学生の活力を利用して、市街地空き店舗を再生する試みは、その効果にばらつきがあるものの、柏市・流山市を除くすべての地域で実行に移されている。

## 2　大学地域連携のキーワードと課題

前項で整理したWSの概要から、以下のような連携のキーワードが抽出できる。

まず、大学は３つの資源を持っていると考えられる。

１ **知的資源（知財）**：さまざまな分野の研究成果や研究シーズ

２ **人的資源（人財）**：人材育成を担う教員、教員より圧倒的に数が多い学生

３ **環境資源（資財）**：教育・研究の場としての施設やキャンパス環境

地域側からすると、地域と大学の連携とは、大学が持つこのような資源を有効に活用して地域再生のための有効な手法を見つけだすことと言える。

一方、大学側は、次のような視点で地域をとらえることで、地域との連携の機会が増え、結果として自身の競争力を高めることを期待できる。

４ **知的資源活用の場**：地域を、研究成果の実践の場としてとらえる

５ **人的資源活用の場**：地域を、大学の新たな教育・研究フィールドとしてとらえる。とくに、学生のフィールドワークの場を地域に求める

６ **環境資源共有の場**：地域の環境改善に協力し、施設や外部空間の共同利用を検討する

これらは、地域と大学それぞれの立場からお互いをどう位置づけるかという視点である。本項では、これに加えて、地域と大学の連携を進め、「地域の再生」「大学の競争力強化」という双方の課題を同時に解決するためには、両者共通のプラットフォーム、共通のテーマ設定が重要であることに言及したい。

ＷＳの事例にもとづき、以下の４項目を連携のプラットフォームづくり・テーマ設定に関

する事項として加えておく。

7　**市民・NPOとの協働**：地域と大学が連携プログラムを作成したとしても、実際に行動に移すには人材が必要である。地域を離れる可能性が高い学生だけに頼るのではなく、持続的に活動できる市民やNPOと連携のプラットフォームを持つ。

8　**新規事業創成**：大学の研究成果や人材を活用し、新たな事業を立ちあげ、地域再生の活力とする。成功事例が増えれば、地域の個性創造につながる可能性がある。

9　**地域の個性創造**：地域や大学の個性（ブランド）を創造することで、両者の競争力を高める

10　**包括連携協定**：一研究室や学生ボランティアだけに頼るのではなく、地域と大学との連携協定で、より大きな連携プラットフォームづくりが可能になる。

**表4－2**は、1から10の10項目から抽出した連携のキーワードと8つの事例との対応関係をまとめたものであるが、その具体的内容は次のとおりである。

①　**知的資源活用**：研究成果の直接活用というよりも、地域が大学に地域施策の立案を期待する事例（瀬戸市、宝塚市、豊橋市、柏市・流山市）

②　**人的資源活用**：教員や学生が空き店舗を活用したり、ボランティア活動の主体を担う事例。とくに学生にその役割を期待する事例が多い。（柏市・流山市を除く7地域）

③　**環境資源活用**：地域住民のために、大学キャンパスそのものを活用する事例（酒田市、

表4－2　ワークショップに見られる連携のキーワード

◎：とくに重点的な取り組み項目　○：特徴的な取り組み項目　－：とくに言及されていない項目

| | | | 1 | | 2 | | 3 | | 4 | | 5 | | | | 6 | | 7 | | | | 8 | | |
|---|---|---|---|---|---|---|---|---|---|---|---|---|---|---|---|---|---|---|---|---|---|---|---|
| 自治体／大学<br>連携のキーワード | | | 岩見沢市 | 北海道教育大学岩見沢校 | 酒田市 | 東北公益福祉大学 | 瀬戸市 | 大学コンソーシアム瀬戸 名古屋学院大学ほか5大学 | 別府市 | 立命館アジア太平洋大学 | 宝塚市 | 関西学院大学 | 甲子園大学 | 宝塚造形芸術大学 | 高崎市 | 高崎経済大学 | 豊橋市 | 豊橋技術科学大学 | 愛知大学 | 豊橋創造大学 | 柏市・流山市 | 東京大学 | 千葉大学 |
| 都市の視点 | ① | 知的資産活用 | － | － | － | － | ○ | － | － | － | ○ | － | － | － | － | － | ○ | － | － | － | ◎ | － | － |
| | ② | 人的資産活用 | ○ | － | ◎ | － | ◎ | － | ◎ | － | ◎ | － | － | － | ◎ | － | ○ | － | － | － | － | － | － |
| | ③ | 環境資産活用 | － | － | ◎ | － | － | － | － | － | － | － | － | － | － | － | － | － | － | － | ◎ | － | － |
| 大学の視点 | ④ | 研究成果実践 | － | － | － | － | － | ○ | － | － | － | ○ | ○ | ○ | － | － | － | － | － | － | － | ◎ | ◎ |
| | ⑤ | 新教育フィールド | － | ○ | － | ◎ | － | ◎ | － | ◎ | － | ◎ | ◎ | ◎ | － | ◎ | － | － | － | ○ | － | － | － |
| | ⑥ | 資源環境共有 | － | ○ | － | ○ | － | ○ | － | ○ | － | － | ○ | － | － | ○ | － | ○ | ○ | － | － | ◎ | ◎ |
| 共通の視点 | ⑦ | 市民・NPOとの連携 | ○ | | ◎ | | ○ | | － | | － | | | | ○ | | ○ | | | | ○ | | |
| | ⑧ | 新規事業創成 | － | | － | | － | | ○ | | ○ | | | | ◎ | | － | | | | － | | |
| | ⑨ | 都市の個性化（ブランドづくり） | ◎ | | － | | － | | － | | ◎ | | | | － | | － | | | | ◎ | | |
| | ⑩ | 包括連携協定 | ◎ | | ○ | | ◎ | | － | | ○ | | | | ○ | | ○ | | | | － | | |

柏市・流山市）

④**研究成果実践**：知的資産活用に連動して、大学が研究成果の実践場所を地域に求めた事例（瀬戸市、宝塚市、柏市・流山市）

⑤**新教育フィールド**：人的資産活用に連動して、大学が新たな教育フィールドを地域に求めた事例（柏市・流山市を除く7地域）

⑥**環境資源共有**：大学との連携を背景に、まったく新しい地域環境づくりを実現しようとする事例（全8地域）

⑦**市民・NPOとの協働**（別府市、宝塚市を除く6地域）

⑧**新規事業創成**：地域ラジオ局開設や就職支援、祭りの企画など学生の活力を利用しながら新たな事業やイベントを立ちあげる事例（別府市、宝塚市、高崎市）

⑨**都市の個性化（ブランドづくり）**：地域独自の個性（ブランド）をつくりあげ、他地域との差別化を図り、街の活力を高める事例（岩見沢市、宝塚市、柏市・流山市）

⑩**包括連携協定**：実際に協定を締結している事例（別府市、柏市・流山市を除く6地域）

WSに見る今後の課題

各地で新たな連携の試みが進められ、ある一定の効果を上げつつある。だが、8地域中3地域（岩見沢市、別府市、高崎市）が今後の課題として**継続性の確保**という項目をあげている。さらに、ボランティアの組織化（酒田市）、団塊世代との連携（瀬戸市）、ＮＰＯ・市民との連携（宝塚市）、学生のモチベーション維持（豊橋市）という項目も、連携の継続性に関わるものなので、８地域中７地域が現状のままで持続的に連携活動を行っていくことへの危機感を持っていると考えられる。

解決には学生、ＮＰＯ、市民が一緒に活動できる**連携のプラットフォーム**を持ち、学生が入れ替わっても活動や事業が継続できる仕組みをつくりあげる必要がある。また、都市と大学が**包括連携協定**を締結すれば、さらにこれを後押しすることにつながるだろう。

**表４－３**に、ＷＳに見る今後の課題をまとめ、あわせて各地域での特徴的な連携の方向性を記した。

いくつかの課題はあるものの、８地域における「大学と地域の連携したまちづくり」の取り組みは、後述する内閣官房都市再生本部の都市再生プロジェクト第十次決定「大学と地域の連携協働による都市再生の推進」への足がかりとなり、現在は、全国規模の「大学地域まちづくりネットワーク」へと発展しつつある。

表4－3　ワークショップに見る今後の課題と連携の方向性

| | | | 1 | 2 | 3 | 4 | 5 | 6 | 7 | 8 |
|---|---|---|---|---|---|---|---|---|---|---|
| 自治体／大学 | | | **岩見沢市**<br>北海道教育大学岩見沢校 | **酒田市**<br>東北公益福祉大学 | **瀬戸市**<br>大学コンソーシアム瀬戸<br>名古屋学院大学ほか5大学 | **別府市**<br>立命館アジア太平洋大学 | **宝塚市**<br>関西学院大学<br>甲子園大学<br>宝塚造形芸術大学 | **高崎市**<br>高崎経済大学 | **豊橋市**<br>豊橋技術工科大学<br>愛知大学<br>豊橋創造大学 | **柏市・流山市**<br>東京大学<br>千葉大学 |
| 今後の課題 | | | ・継続性の確保<br>・学生、教員の街なか居住推進<br>・住民の健康づくり | ・ボランティアの組織化<br>・「地域共創センター」の設置 | ・若者文化発信場所の必要性<br>・教員ボランティアからの脱却<br>・団塊世代との連携 | ・継続性の確保 | ・ＮＰＯ、市民との連携<br>・横の連携強化<br>・大学によるマネジメントノウハウの提供<br>・リタイア層の参画 | ・継続性の確保 | ・留学生の生活環境支援<br>・学生のモチベーション保持<br>・ブラジル人コミュニティーとの協働 | ・柏の葉地区立地公共機関との協議会設立 |
| ＰＤの視点 | a | 地域環境形成における大学の役割 | 芸術、スポーツの実践場所の提供 | 市民に開かれた大学の実現 | コンソーシアム拠点形成<br>施策提言 | 留学生の活力 | まちづくりプロモーター | 新規事業創成の担い手 | 包括連携による広域的な課題検討 | 環境形成のオピニオンリーダー<br>実証実験の実施 |
| | b | 大学と都市の共通課題 | 地域と大学の共通ブランドづくり | 公益、福祉の心を持った市民育成 | — | — | まちのブランド創造 | 学生の活力を活かす | — | 環境健康まちづくりの実践 |
| 連携の方向性 | | | 個性創造 | 市民教育キャンパス開放 | 施策提言 | 新たな教育フィールド | ブランド形成 | 新たな教育フィールド | 広域課題検討 | 地域環境マネジメント |

## 3　大学と地域・連携の方向性

これまで大学は、本来の役割である人材育成を担う教育機関として、また産業や地域社会の発展に寄与する研究機関として、おもに知的資源の面から地域社会との連携を図ってきた。

また、地域も、大学の役割を産業振興などに役立つ知的資源ととらえていて、市民の生活に根ざした地域再生のための連携とは乖離していたように思う。

WSにおける8つの連携事例は、このような視点とは異なっている。

**A　地域を新たな教育研究フィールドととらえて知的資源や人的資源の活用を図るという、大学側の視点**

**B　大学の知的資源・人的資源・環境資源を活用して地域再生や環境形成を図るという、地域側の視点**

このような2つの視点は、大学と地域の連携に有効である。

Aは、WSの8事例すべてに共通する視点である。研究学園都市をつくるような大規模な取り組みではないが、こうした地道な活動で都市と大学の個性が確立できたとき、地域再生の道筋が見えてくるように思う。

Bは、酒田市、柏市・流山市の2事例にしか見られない視点である。しかし、大学が立地するすべての都市で今後検討していく必要のある視点であろう。大学キャンパスはもっと地域に開放されてもよいし、大学と地域の境界にあたるキャンパスエッジを大学と地域双方で共有することも考えられる。大学が持つ施設や環境のマネジメントノウハウを地域の環境形成に適用していくということも考えられよう。

A、Bそれぞれの視点は、単独でも「地域再生」や「大学の競争力強化」に有効な視点だと考えられる。だが、二つを同時に実現できたとき、大学、地域双方により大きな効果が期待できるのではないかと思う。

最後に、WSの課題から抽出された視点であり、A・Bを実現するために必要不可欠な項目として

### C　連携のプラットフォームづくりと継続性の維持

を加える。A、B、C、3つの視点が大学と地域の連携に必要なのである。

私が所属する日本建築学会キャンパス計画小委員会は、都市計画・建築計画に関わる立場から、どちらかというとBの視点で方法論・計画論を探ることに軸足をおき研究を進めてきた。しかし、数回にわたる大学と都市の連携事例に関する海外調査をとおして、AとB両方が同時に実現している成功事例を目のあたりにした。

アメリカのフィラデルフィア市は民間資金を活用したPPP(Private Public Partnership)

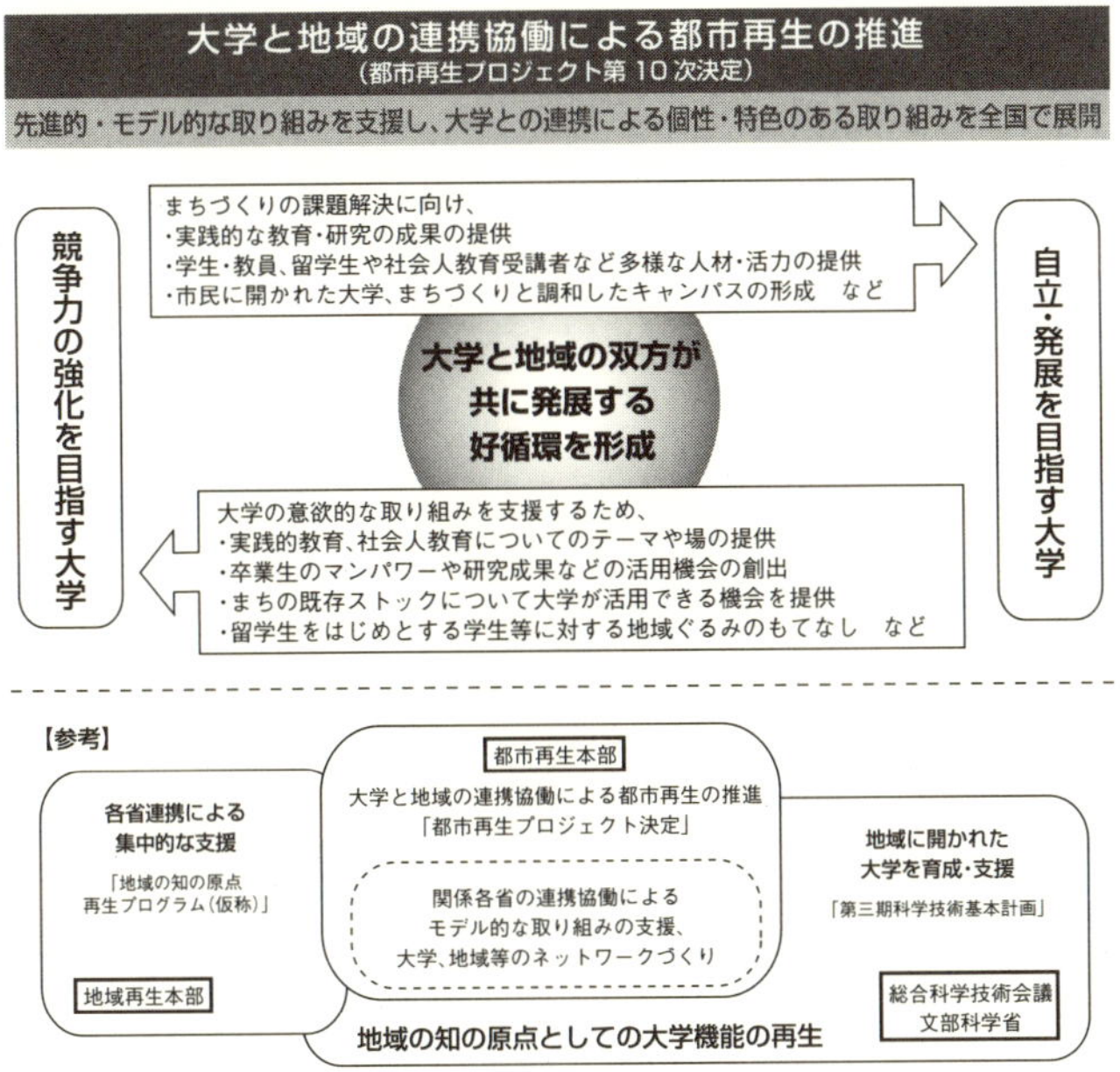
大学と地域の連携協働による都市再生の推進
（都市再生プロジェクト第１０次決定）
先進的・モデル的な取り組みを支援し、大学との連携による個性・特色のある取り組みを全国で展開
競争力の強化を目指す大学
まちづくりの課題解決に向け、
・実践的な教育・研究の成果の提供
・学生・教員、留学生や社会人教育受講者など多様な人材・活力の提供
・市民に開かれた大学、まちづくりと調和したキャンパスの形成　など
自立・発展を目指す大学
大学と地域の双方が共に発展する好循環を形成
大学の意欲的な取り組みを支援するため、
・実践的教育、社会人教育についてのテーマや場の提供
・卒業生のマンパワーや研究成果などの活用機会の創出
・まちの既存ストックについて大学が活用できる機会を提供
・留学生をはじめとする学生等に対する地域ぐるみのもてなし　など
【参考】
各省連携による集中的な支援
「地域の知の原点再生プログラム（仮称）」
地域再生本部
都市再生本部
大学と地域の連携協働による都市再生の推進
「都市再生プロジェクト決定」
関係各省の連携協働によるモデル的な取り組みの支援、大学、地域等のネットワークづくり
地域に開かれた大学を育成・支援
「第三期科学技術基本計画」
総合科学技術会議
文部科学省
地域の知の原点としての大学機能の再生

図４－２ 都市再生プロジェクト第10次決定の概要
（出典：内閣官房都市再生本部ホームページ）

という手法を導入し、ペンシルバニア大学が大学周辺地域の治安向上などの環境改善の推進役を担っている。同じPPPを利用してキャンパス内の住宅整備なども行っている。

また、カリフォルニア大学デービス校とデービス市では、人口増加に対応する住宅地開発と開発に伴う市民との合意形成プロセス、そして環境保全計画を市と大学が連携して推進している。

平成17年12月、内閣官房都市再生本部は、都市再生プロジェクト第10次決定として「大学と

地域の連携協働による都市再生の推進」を発表した。（図4－2）

このプロジェクトは、これまでの大学と地域の連携のあり方を変え、地域や環境の再生を主眼として連携を進めていこうというものである。

これを受けて、「地域を新たな教育研究フィールドととらえて大学の知的資源や人的資源の活用を図る」という大学側の視点と、「大学の知的資源・人的資源・環境資源を活用して地域再生や環境形成を図る」という地域側の視点による双方の連携は、少しずつであるが各地で見られるようになってきている。

前章と、この4章で紹介した大学と地域が連携した事例以外にも、さまざまな取り組みが各地で行われている。筆者もメンバーとなっている「地域・大学連携まちづくり研究会」が著した、『地域と大学の共創まちづくり』（※1）にさらに詳しく紹介しているので、興味のある読者は参考にしてほしい。左ページに、そこで取りあげている31事例の一覧を記した。

※1　『地域と大学の共創まちづくり』小林英嗣＋地域・大学連携まちづくり研究会、学芸出版社、2008年11月

表４－４　地域と大学の共創まちづくり　事例一覧

| | 連携主体 | 連携テーマ |
|---|---|---|
| 1 | 鶴岡市と早稲田大学 | 大学、自治体の共同研究体制で推進するまちなか居住 |
| 2 | 千葉大学と周辺団地 | 大学発ＮＰＯが仕掛けるニュータウン再生 |
| 3 | 熊本市中心市街地と熊本大学工学部 | まちなか工房が支援する中心市街地活性化の取り組み |
| 4 | 新宿区・都市機構・早稲田大学 | 早稲田の森構想 |
| 5 | フィラデルフィア市とペンシルバニア大学 | 大学街地区の再生を実現した地域と大学の協働事業 |
| 6 | 筑波大学と関連地域機関 | 地元バス事業者と連携した新学内バス導入 |
| 7 | 福島・喜多方と東京大学 | 蔵の文化を継承・活用するまちづくり |
| 8 | 唐津市相知町と佐賀大学 | 棚田の復田と農村の再生 |
| 9 | 金沢大学角間の里山自然学校 | キャンパス緑地を保全活用する市民と大学の協働プラットフォーム |
| 10 | アメリカ・ワシントン大学 | 自然環境との共生を図るキャンパス計画 |
| 11 | 千葉大学と周辺地域 | 大学の環境 ISO 取得と地域環境モデルとしての大学キャンパス |
| 12 | 英国ケンブリッジ市とケンブリッジ大学 | 地域と大学による都市フリンジの再構成 |
| 13 | 福岡市と九州大学 | 学術研究都市における「緑のまちづくり」 |
| 14 | 鳥取県・市と鳥取環境大学 | 環境をテーマにして設立された大学と地域の連携 |
| 15 | 仙台広域圏 ESD 運営委員会と宮城教育大学 | 持続可能な地域社会を目指す広域の地域・大学連携 |
| 16 | 横須賀市追浜商店街と関東学院大学 | 地域コミュニティの交流の場・商店街のまちなか研究室 |
| 17 | サンフランシスコ市とＵＣＳＦ | 生命医学研究拠点が先導する新しい都市型産業コミュニティ |
| 18 | ブラッドフォード市とブラッドフォード大学 | 都心再生プロジェクトにおける大学の新たな役割 |
| 19 | 大阪市と大阪市立大 | 創造都市を推進する国際的研究教育拠点を目指して |
| 20 | 鳥取県智頭町鳥取大学 | 住民が創発する草の根地域再生運動 |
| 21 | 山形県最上地域と山形大学 | 農山村エリア「やまなかキャンパス」地域の人材育成 |
| 22 | 全国各地の学生まちづくり団体 | 学生まちづくりの動向と展望 |
| 23 | 銀座街づくり会議と都内芸術大学 | 銀座アートエクステンションスクール |
| 24 | 滋賀県・彦根市商店街と滋賀県立大学 | コミュニティ·アーキテクトを養成する大学教育プログラム |
| 25 | 酒田市・鶴岡市と東北公益文科大学・大学院 | まちづくりを使命とする公設民営大学の戦略 |
| 26 | ユージン市とＬＣＣ | 地域の担い手を育成するコミュニティ・カレッジ |
| 27 | 千葉県・柏市・東京大学・千葉大学 | 公民学連携による柏の葉アーバンデザインセンター |
| 28 | ミネソタ大学メトロポリタンセンター | まちづくりを支援する大学ベースの専門家組織 |
| 29 | アメリカ・ケンブリッジ市と４大学 | 自治体と大学の情報と戦略の共有 |
| 30 | ニューヘブン市とイエール大学 | 一体的な都市デザインのためのフレームワークプラン |
| 31 | 横浜市と市内大学 | 大学・都市連携による知の都市集積の展開 |

# 第5章

# 環境健康まちづくり
## ――千葉大学の実践事例――

### 1 大学が環境ISOを取得する意味

法人としての大学は、地域の大事業主であり、公的性格も強いことから、地域環境形成のための社会的責任を担っていくことが求められている。2005年度からは環境報告書の作成が義務づけられるようになった。さらに、大学を社会資産として見直し、その施設や環境を良好な状態で維持していくためのファシリティーマネジメントが、大学運営上、不可欠なものになってきている。このような中で、大学が環境マネジメントシステムの国際規格であるISO14001（以下、環境ISO）の認証を取得する事例が増えている。（表5－1）

### 表5－1　ISO14001 適合大学一覧

| No. | 大学名 | 事業所名 | 登録年月日 |
|---|---|---|---|
| 1 | 武蔵工業大学 | 横浜キャンパス | 1998 年 10 月 28 日 |
| 2 | 法政大学 | 市ヶ谷・多摩 | 1999 年 9 月 29 日 |
| 3 | 京都精華大学 | | 2000 年 3 月 25 日 |
| 4 | 芝浦工業大学 | 大宮校舎 | 2001 年 3 月 9 日 |
| 5 | 四日市大学 | | 2001 年 3 月 28 日 |
| 6 | 呉大学 | 社会情報学部 | 2001 年 4 月 20 日 |
| 7 | 信州大学 | 工学部 | 2001 年 5 月 30 日 |
| 8 | 日本工業大学 | | 2001 年 6 月 27 日 |
| 9 | 熊本大学 | 薬学部 | 2001 年 9 月 6 日 |
| 10 | 京都工芸繊維大学 | 松ヶ崎キャンパス | 2001 年 9 月 10 日 |
| 11 | 名古屋産業大学 | | 2001 年 11 月 26 日 |
| 12 | 工学院大学 | 新宿キャンパス | 2001 年 11 月 28 日 |
| 13 | 三重県立看護大学 | | 2002 年 3 月 21 日 |
| 14 | 名城大学 | | 2002 年 6 月 13 日 |
| 15 | 大垣女子短期大学 | | 2002 年 10 月 21 日 |
| 16 | 鳥取環境大学 | | 2003 年 2 月 26 日 |
| 17 | 福井大学 | | 2003 年 3 月 7 日 |
| 18 | 岐阜大学 | 地域科学部 | 2003 年 3 月 20 日 |
| 19 | 長崎大学 | 環境科学部 | 2003 年 3 月 20 日 |
| 20 | 千葉商科大学 | | 2003 年 3 月 31 日 |
| 21 | 日本大学 | 工学部 | 2003 年 4 月 11 日 |
| 22 | 東海大学 | 湘南キャンパス | 2003 年 6 月 7 日 |
| 23 | 東京理科大学 | 久喜校舎 | 2003 年 8 月 8 日 |
| 24 | 明治大学 | 駿河台 A 地区 | 2003 年 10 月 26 日 |
| 25 | 富士常葉大学 | | 2003 年 11 月 12 日 |
| 26 | 福岡工業大学 | 社会環境学部 | 2003 年 12 月 26 日 |
| 27 | 熊本大学工学部 | 物質生命化学科 | 2004 年 1 月 15 日 |
| 28 | 筑波大学 | 農林技術センター | 2004 年 2 月 19 日 |
| 29 | 長崎大学 | 学内共同利用施設 | 2004 年 3 月 17 日 |
| 30 | 千葉大学 | 全キャンパス | 2005 年 1 月 27 日 |
| 31 | 神戸国際大学 | 一号館 | 2005 年 3 月 28 日 |
| 32 | 東京薬科大学 | | 2005 年 7 月 8 日 |
| 33 | 信州大学 | 教育学部 | 2005 年 12 月 21 日 |
| 34 | 島根大学 | | 2006 年 3 月 10 日 |
| 35 | 日本大学 | 生物資源科学部 | 2006 年 3 月 18 日 |
| 36 | 山口東京理科大学 | | 2006 年 5 月 12 日 |
| 37 | 信州大学 | 農学部 | 2006 年 11 月 22 日 |
| 38 | 信州大学 | 繊維学部 | 2006 年 12 月 18 日 |
| 39 | 群馬大学 | 荒牧キャンパス | 2007 年 1 月 20 日 |
| 40 | 滋賀大学 | 教育学部 | 2007 年 1 月 24 日 |
| 41 | 関東学院大学 | 人間環境学部 | 2007 年 2 月 14 日 |
| 42 | 長崎総合科学大学 | 人間環境学部 | 2007 年 3 月 2 日 |
| 43 | 北見工業大学 | | 2007 年 3 月 19 日 |
| 44 | 秋田大学 | 工学資源学部 | 2007 年 3 月 22 日 |
| 45 | 信州大学 | 松本キャンパス | 2007 年 10 月 17 日 |
| 46 | 明治薬科大学 | | 2007 年 11 月 7 日 |
| 47 | 三重大学 | | 2007 年 11 月 19 日 |
| 48 | 金沢大学 | 技術支援センター | 2008 年 4 月 14 日 |

・財団法人日本適合性認定協会データベースをもとに作成
・事業所名はデータベースに登録されているもののみ記載

一方で、大学の地域貢献、地域連携も叫ばれており、教育・研究の分野では徐々に成果を上げつつあるものの、フィジカルな環境面においては、大学と地域の良好な関係が確立されている事例は少ない。本項では、大学の環境ISO取得が、地域との関係にどのような効果を生み出すのか、千葉大学を事例として検証したい。

千葉大学は、4つのキャンパスに分散している。4キャンパス合わせて、敷地面積約96万㎡、建物延床面積約45万㎡の規模を持ち、そこに約1万7000人の学生・教職員が活動している。年間の光熱水費は、法人化直前の2003年の時点で約13億7000万円に上っていた。このような中で2003年10月27日、磯野可一学長（当時）は環境ISO取得のキックオフ宣言を行った。

環境ISOの取得を目指すことを決定した背景には、大学運営の効率化と、環境負荷の低減による地域貢献という2つの目標を同時に達成できる有効な手法であると考えたことにある。しかし、一番の目的は、環境というキーワードのもとに教育・研究・地域貢献といった大学の3つの使命を、領域横断型の教育研究プログラムとして実現したいということであった。

2章でも述べたように、大学キャンパスを都市の縮図と考え、これからの環境問題を考えていくための実験フィールドとして活用し、研究成果を社会に還元していけば地域環境の改善のための方向が見えてくるはずである。

「千葉大学方式」：学生主体の環境ＩＳＯ

千葉大学における環境ＩＳＯ（以下、「千葉大学方式（※１）」）は、①総合大学としての特長を活かした環境教育・研究、②環境負荷の少ない緑豊かなキャンパスづくり、③学生主体の環境マネジメントシステムの構築と運用、④地域社会に開かれた環境マネジメントシステムの実施を環境方針に定めている。とくに、学生主体であることと、地域社会と連携して環境ＩＳＯ活動を進めることに大きな特徴がある。光熱水費の節減などすぐに結果が現れることだけではなく、大学だからこそ可能になる環境ＩＳＯモデルを構築し、地域とともに持続型社会の構築を目指そうとしている。

千葉大学は、キックオフ宣言後約１年を取得準備期間にあて、２００５年１月27日に西千葉キャンパス、２００５年12月27日に松戸ならびに柏の葉キャンパス、２００７年１月22日には最後に残っていた亥鼻キャンパスで認証を取得し、４キャンパスすべてにおいて環境マネジメントシステムの構築が完了した。文系・理系がある総合大学の国立大学法人では我が国初のことであり、国際的に見ても数は少ない。千葉大学の試みは、ジュネーブのＩＳＯ中央事務局でも注目され、隔月で発行している機関誌『ISO Management System』の２００５年１・２月号の中で、「日本の大学が教育分野でＩＳＯ１４００１のモデル事例とな

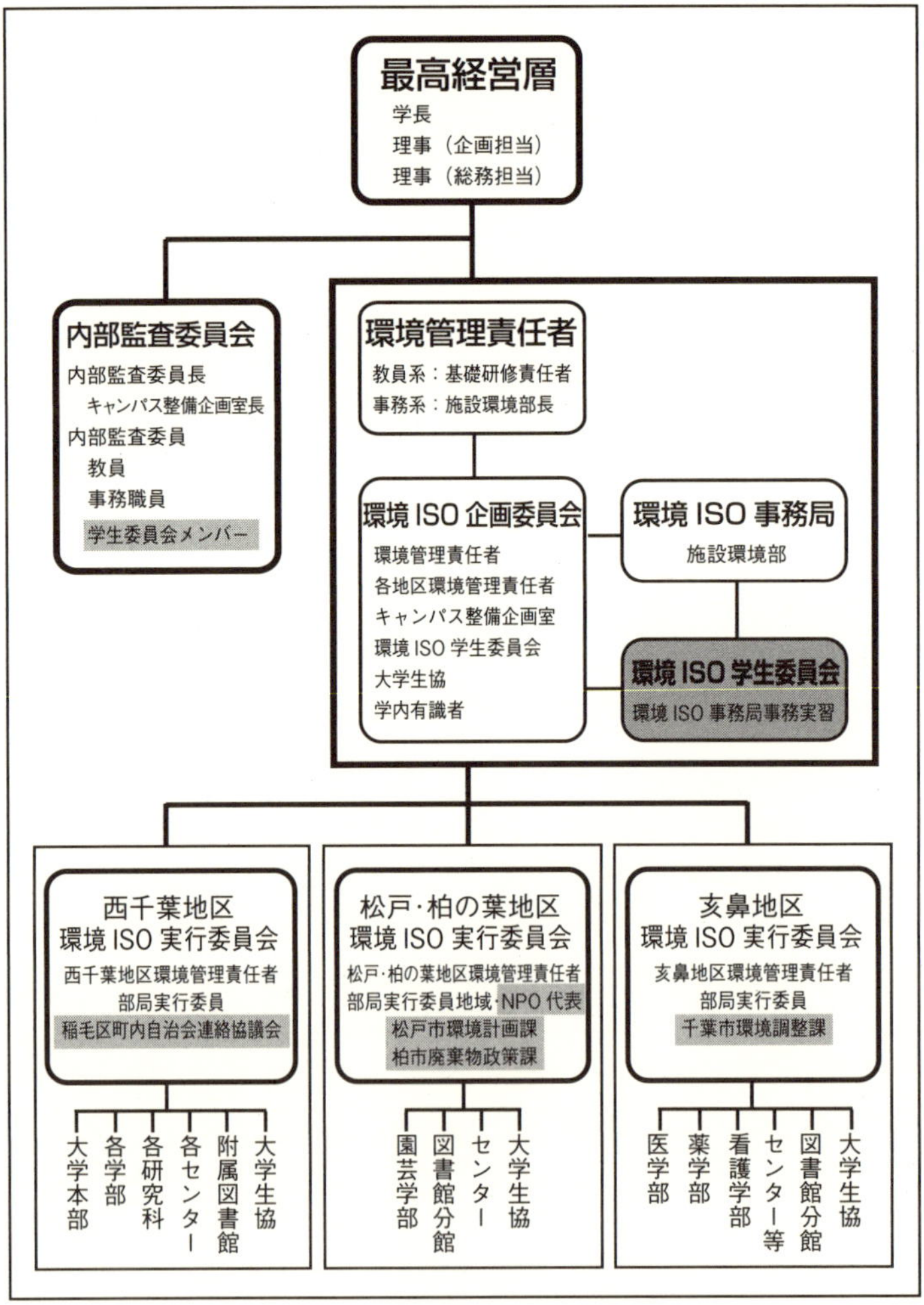
最高経営層
学長
理事（企画担当）
理事（総務担当）
内部監査委員会
内部監査委員長
キャンパス整備企画室長
内部監査委員
教員
事務職員
学生委員会メンバー
環境管理責任者
教員系：基礎研修責任者
事務系：施設環境部長
環境 ISO 企画委員会
環境管理責任者
各地区環境管理責任者
キャンパス整備企画室
環境 ISO 学生委員会
大学生協
学内有識者
環境 ISO 事務局
施設環境部
環境 ISO 学生委員会
環境 ISO 事務局事務実習
西千葉地区
環境 ISO 実行委員会
西千葉地区環境管理責任者
部局実行委員
稲毛区町内自治会連絡協議会
大学本部
各学部
各研究科
各センター
附属図書館
大学生協
松戸・柏の葉地区
環境 ISO 実行委員会
松戸・柏の葉地区環境管理責任者
部局実行委員地域・NPO 代表
松戸市環境計画課
柏市廃棄物政策課
園芸学部
図書館分館
センター
大学生協
亥鼻地区
環境 ISO 実行委員会
亥鼻地区環境管理責任者
部局実行委員
千葉市環境調整課
医学部
薬学部
看護学部
センター等
図書館分館
大学生協

図５－１　千葉大学環境 ISO 組織図

（参考：千葉大学環境報告書）

る」と題して取りあげられた。

「千葉大学方式」の大きな特徴の一つは、学生主体の環境マネジメントシステムを構築したことにある。普及啓発活動に学生の力を借りる取り組みはいくつかの大学でも行われている。しかし、**図５－１**のように環境マネジメント組織の中に環境ＩＳＯ学生委員会（以下、学生委員会）を設置し、環境目標・環境方針の原案作成から環境ＩＳＯ事務局の実務研修、内部監査への参加、環境報告書の作成までを学生が主体的に行っているのは千葉大学だけだと自負している。マネジメントサイクルであるＰ（Plan）、Ｄ（Do）、Ｃ（Check）、Ａ（Act）のすべての部分に学生委員会のメンバーが関わっている。つまり、学生委員会が、日常的な評価活動と改善活動を担っているのである。附属幼稚園児、附属小学生・中学生への環境教育も学生たちが中心になって行っている。

この「学生主体の環境マネジメントシステムの運営」は文部科学省の平成18年度特色ある大学教育支援プログラム（特色ＧＰ）に採択された。

このような仕組みが実現した背景には、

①　最高経営層の学生への信頼

②　企画立案の全学委員会に学生が最初から参加

③　環境ＩＳＯ活動を通じての単位取得

という３点がある。

もう一つの大きな特徴は、地域社会に開かれた環境マネジメントシステムを実施していることである。各キャンパスの実行委員会には、教職員や学生のほかに自治会協議会メンバーや地域NPO代表、市の環境部署職員が参加している。

## 「千葉大学方式」の成果と地域連携

「千葉大学方式」の成果は、大きく、教育的成果、研究的成果、経営的成果、地域連携的成果の4つに整理することができる。

### 1　教育的成果

教育的成果として、前項で整理した③環境ISO活動を通じての単位取得による成果が大きい。

具体的には、おもに学部1・2年生を対象とした普遍教育科目に「環境マネジメント実習1・2」という環境教育の講義を設け、この単位を取得した学生は、環境ISOの内部監査人として登録できる仕組みをつくりあげた。さらに2007年度からはおもに学部3年生対象の「環境マネジメント実習3」という科目を設け、千葉県や千葉市などの自治体や企業などへのインターンシッププログラムを開始した。学生達は、この授業を通じて、環境マネジメントに必要な専門知識を学ぶだけでなく、仕事の進め方や企画書の作成方法、スケジュー

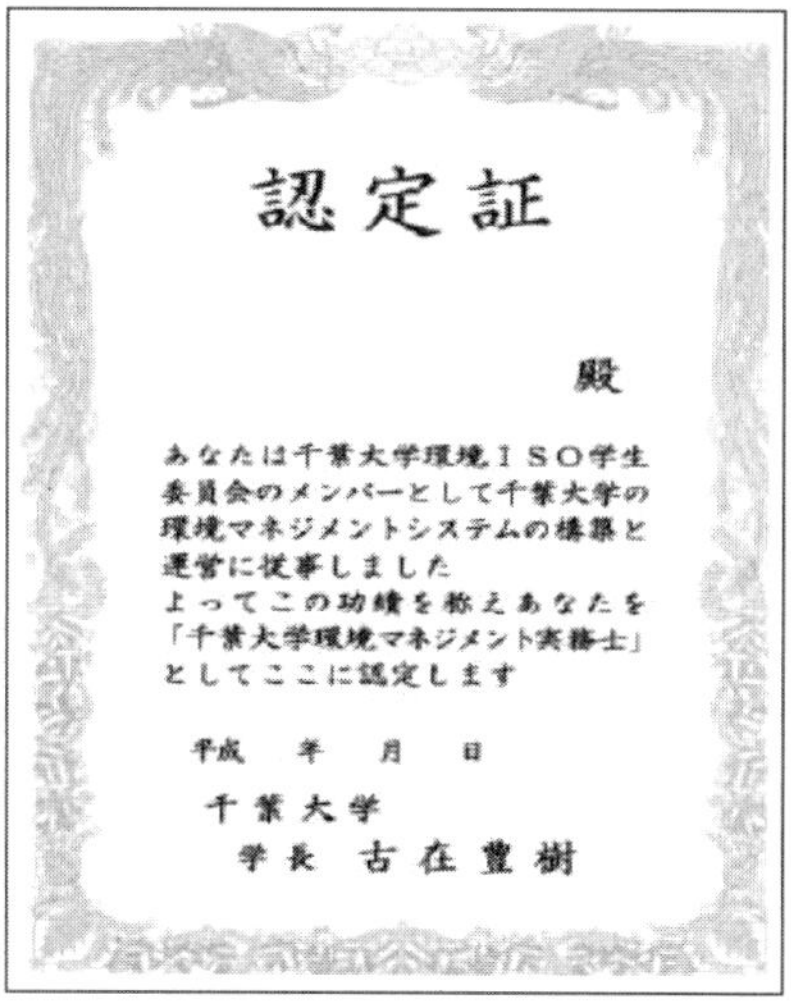
認定証

殿

あなたは千葉大学環境ＩＳＯ学生委員会のメンバーとして千葉大学の環境マネジメントシステムの構築と運営に従事しました
よってこの功績を称えあなたを「千葉大学環境マネジメント実務士」としてここに認定します

平成　年　月　日

千葉大学
学長　古在豊樹

**環境マネジメント実務士認定証**
（提供：千葉大学）

ル管理、交渉術などプロジェクト全体のマネジメントの仕組みを経験していくことになる。つまり、大学卒業後社会人1年生となってから学ぶことを前もって体験できるのである。さらに、すべての単位を取得し、内部監査人を務めた学生には、学長が「環境マネジメント実務士」という資格を認定している（**写真**）。これは千葉大学だけの資格であるが、大学は履歴書等への記入を認めている。

## 2　研究的成果

研究的成果としては、これまでの部局単位の縦割り型の研究が、環境ＩＳＯの活動を通じて部局の垣根を乗り越え、その結果、教職員の交流が生み出され、環境をテーマとした領域横断型の研究組織が立ち上がる契機になったことがあげられる。２００６年には「千葉大学地域サステイナビリティ学アソシエーション（ＣＡＲＳＳ）」が設置され、千葉大学は東京大学が中心となって立ちあげたサステイナビリティ学研究機構（ＩＲ３Ｓ）の協力機関として、食と健康の観点から地域環境のサステイナビリティのあり方を研究している。また、21世紀COEに採択された「持続可能な福祉社会のための公共研究拠点」も、環境ISOに関わる人文系教員による領域横断型研究である。ここでの調査研究の成果は、福田康夫首相（当時）が2008年6月日本記者クラブで行った「低炭素社会・日本をめざして」というスピーチ（※2）でも取りあげられた。

### 3　経営的成果

経営面では、光熱水費の節減がもっとも目に見える成果であろう。2003年時点で13・7億円までになっていた光熱水費を節減するために、学生委員会が省エネルギー啓発活動を推し進める一方、学長がリーダシップをとり全部局合同省エネプロジェクトを立ちあげ、全構成員への協力を求めた。加えて、独立行政法人 新エネルギー・産業技術総合開発機構（NEDO）の研究補助金を受けて、WEBを活用した大学施設群のエネルギー使用実態把握システムを構築した。その結果、**図5－2**のように3年間で1・4億円を削減することができた。

これを$CO_2$排出量に換算すると、3年間で約21％削減という大きな成果をあげたことになる。

前述のように2005年度から、地域の大規模事業主である大学に、環境報告書の作成が

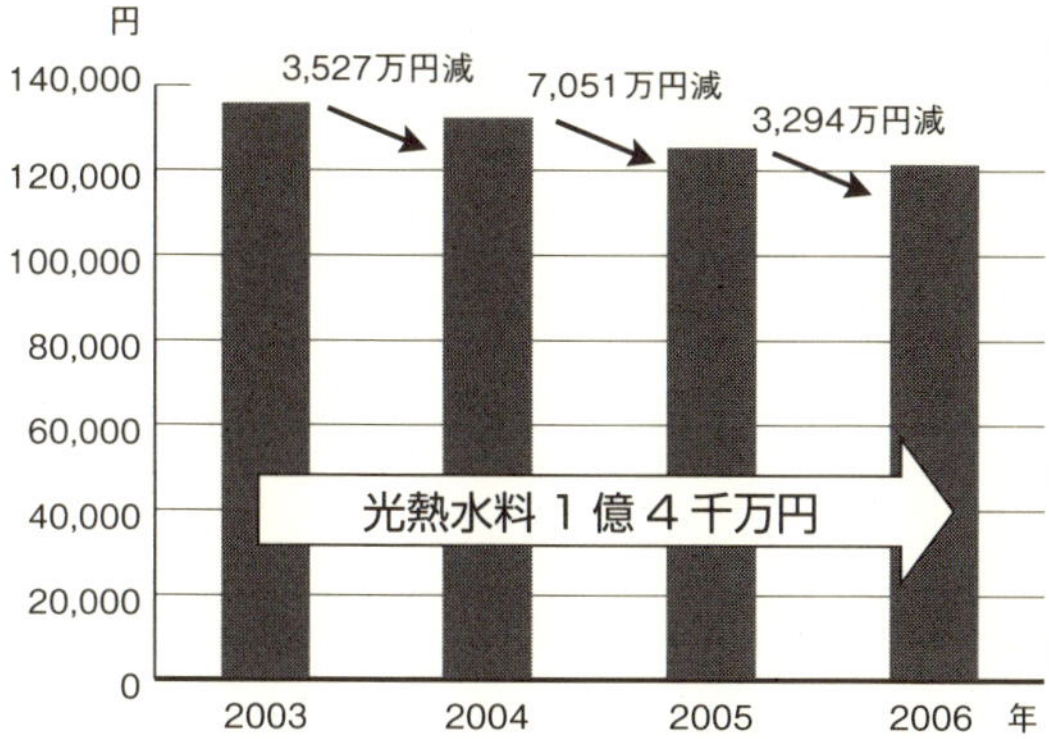


図５－２　千葉大学光熱水料の推移
（提供：千葉大学施設環境部）

千葉大学　環境報告書
（提供：千葉大学）

義務づけられるようになった。千葉大学では義務化の1年前から独自の環境報告書づくりに取り組み、内容の原案作成とデザインを学生主体で行っている。2007年に発行した『千葉大学環境報告書2007』（写真）は、「第11回環境コミュニケーション大賞」（主催：環境省、財団法人地球・人間環境フォーラム）環境報告書部門で優秀賞（環境配慮促進法特定事業者賞）、「第6回日本環境経営大賞」（主催：日本環境経営大賞表彰委員会・三重県）環境経営部門で環境経営優秀賞、「第11回環境報告書賞・サステナビリティ報告書賞」（共催：株式会社東洋経済新報社／グリーンレポーティング・フォーラム）では公共部門賞を受賞し、外部から高い評価を受けている。千葉大学の広報活動にも多大な成果をもたらしていると考えられる。

## 4　地域連携的成果

少しずつではあるが、地域の環境づくりの面での成果も実を結びつつある。学生委員会が中心となり、地域のNPOやほかの環境系学生サークル、まちづくりボランティアサークルが連携して地域の環境改善に関わるさまざまなプロジェクトを実現しており、さまざまなメディアに取りあげられるようになった。2008年度は千葉県が主催する「地球温暖化防止と生物多様性保全」推進きゃらばん隊への参加や、「2008ちばし手づくり環境博覧会」という地域の市民団体や企業の環境保全活動の展示発表に参加するなど、着実に地域連携の成果を上げ始めている。（表5－2）

大学の環境ISO活動は、環境教育と研究の仕組みがすでに存在しているという点で、大きな可能性がある。加えて、学生主体でマネジメントシステムを運用することで、持続可能な地域環境づくりの明日の担い手を育成できることは、さらに大きな成果につながっていく可能性がある。学生達はこの取り組みを通じて着実に成長し、環境に対する意識を高めている。教職員も学生の活動に大きな影響を受けている。環境ISO活動は学生に引っ張られているという感すらある。

※1　千葉大学環境ISO事務局ホームページ：http://kankyo-iso.chiba-u.jp/
千葉大学環境ISO学生委員会ホームページ：http://env.chiba-univ.net/

※2　2008年6月9日、福田総理（当時）が日本記者クラブで行ったスピーチで、わが国の76

表５－２　千葉大学環境ＩＳＯ活動における地域連携プログラム

| 連携プログラム | | 概要 | キャンパス | 連携先 | 期間 |
|---|---|---|---|---|---|
| 1 | 緑花<br>プロジェクト | 大学キャンパスから松戸駅までの道筋を花で彩るプロジェクト<br>コミュニティーガーデンを地域の人びとと共同で設置 | 松戸キャンパス | 松戸市<br>周辺住民 | 2006年～ |
| 2 | インターンシップ<br>プログラム | 「環境マネジメントシステム実習３」の授業の一環として、自治体、企業で環境マネジメントに関する実務を研修 | 全キャンパス | 千葉県庁、千葉市役所、市川市役所、成田市役所<br>日本適合性評価機構、イオン、JALほか | 2007年～ |
| 3 | けやきの子 | 西千葉キャンパスの落ち葉を堆肥化し地域に頒布 | 西千葉<br>キャンパス | 千葉市<br>NPO法人環境ネット | 2005年～ |
| 4 | 環境報告書 | 『環境だより』を年２回発行し、付属幼・小・中学校を通じて地域家庭に頒布 | 西千葉<br>キャンパス | 稲毛区自治会協議会、附属学校 | 2006年～ |
| 5 | まつ土 | 松戸キャンパスの落ち葉を堆肥化し地域に頒布 | 松戸キャンパス | 松戸市<br>地域住民有志 | 2007年～ |
| 6 | Ｒドロップス | リターナルびんを地域に普及するプロジェクトを共同開発<br>経済産業省委託事業（地域省エネ型リユース促進事業） | 全キャンパス | びん再使用ネットワーク、東京薬科大学生協、横浜市立大学生協 | 2007年～ |
| 7 | 八都県市３Ｒ学生サミット | 八都県市廃棄物問題検討委員会主催のシンポジウムの企画運営 | 全キャンパス | 東京都、千葉県、千葉市、神奈川県、横浜市、川崎市、埼玉県、さいたま市 | 2007年９月９日 |
| 8 | ちばし手づくり環境博覧会 | 市民団体や企業の日ごろの環境保全活動の展示発表に大学として参加 | 全キャンパス | 千葉市 | 2008年６月７日 |
| 9 | ecoパーク2008 | 環境に関わりのある活動を行っている大学やＮＰＯ、ボランティア団体によるブース展示やワークショップに参加 | 全キャンパス | 日本放送協会、環境省、渋谷区、国土緑化推進機構 | 2008年６月８日 |
| 10 | 千葉県廃棄物処理計画タウンミーティング | 千葉県廃棄物処理計画に県民や学生の意見を反映させるためのワークショップを開催 | 全キャンパス | 千葉県 | 2008年６月15日 |

（千葉大学環境報告書をもとに作成）

の自治体が、地域内に民生用電力需要を上回る再生可能エネルギー電源を保有しているという調査研究がとりあげられた。http://www.kantei.go.jp/jp/hukudaspeech/2008/06/09speech.html

## 2　環境ISOから地域環境マネジメントへ

### 環境マネジメント大学モデル

これまでにも、教員個人が地域環境の改善に研究室単位で関わり、地域との連携を図っていくという取り組みは数多くあった。しかし、大学全体として関わることはまれであった。すでに述べたように、千葉大学では「千葉大学方式」の環境方針の中で「地域社会に開かれた環境マネジメントシステムの実施」を唱え、実行委員会メンバーとして地域住民代表に参加を促している。これは、地域の人達が大学の取り組みを知るとともに、環境監査人として役割を担うことにもなっている。こうした活動を通じて、大学キャンパスと地域の連携が進み、広域避難場所としての大学キャンパスのあり方や、キャンパスの都市公園化などの具体案を徐々に検討していこうと考えている。最終的には省エネルギー、$CO_2$排出量削減、廃棄物削減、緑の環境づくりなど「千葉大学方式」で培ったノウハウを地域の環境マネジメント

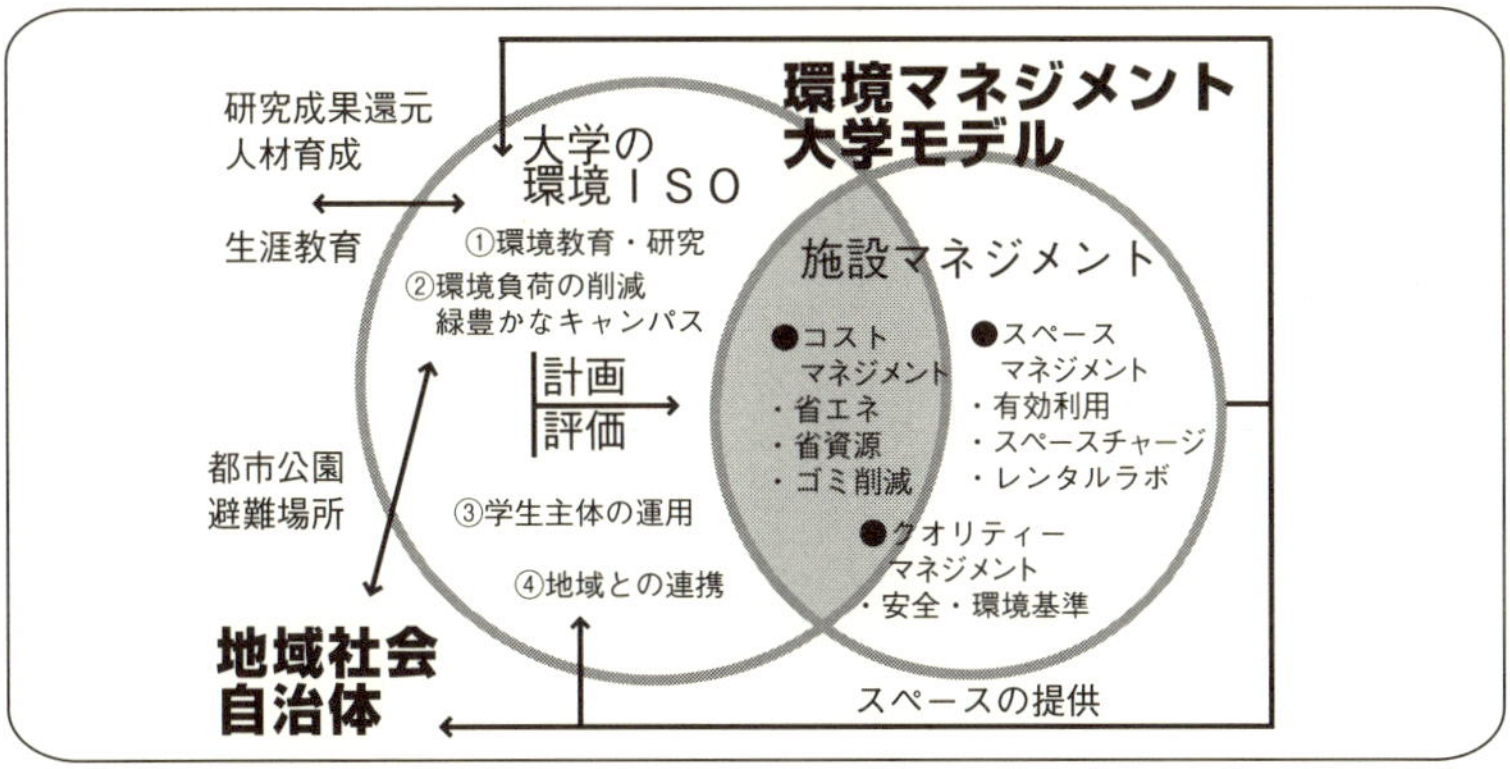


図５－３　環境マネジメント大学モデルのイメージ

システム構築に反映させ、その中心的役割を大学が担っていくことを視野に入れている。

大学キャンパス内の施設に関するマネジメントは、環境ＩＳＯとは別に徐々に成果を上げつつあり、スペースの有効活用、省エネルギー、安全性確保などが実行され始めている。「千葉大学方式」はこの施設マネジメントとＩＳＯ１４００１活動を組み合わせたものである。学生の主体的活動と領域横断型の環境教育・研究を推進することで、地域の環境マネジメント（エリア環境マネジメント）の一役を担う仕組みに発展する可能性を秘めている。本項ではこれを「環境マネジメント大学モデル」として提案したい。（図５－３）

私たちの身の回りの環境について、継続的な点検評価の仕組みを確立し、改善していくためには、地域で生活する住民の意識の高まりが必要不可欠である。

環境マネジメント大学モデルは、大学が地域社会や自治体と連携していくための触媒として機能することが期待できる。大学側は地域・自治体に対して、①地域の人材育成、②地域住民や自治体へのスペース提供、③都市公園としてのキャンパス空間開放、④地域への環境研究成果の還元、などを担い、地域・自治体側は大学に対して、①環境ＩＳＯ内部監査への協力、②都市公園整備費用の補助、③地域環境に関する研究委託、などを行う。

また、環境マネジメント大学モデルは、大学キャンパスを実証モデルとして地域の環境形成に役立てることでもある。すなわち、大学は地方都市の中心施設として、そして、都市の文化性を担い、近隣地域の生活と活力を支えていく存在として、キャンパスマスタープランなどの総合計画と地域との連携システムを構築していくことが社会的に要請されているのである。

## 地域環境モデルとしての大学キャンパス

これまでの環境ＩＳＯ活動は、地球温暖化対策のための$CO_2$削減などを目標として、省エネルギー・廃棄物削減といった手法が研究され、それを企業や工場で実践していくものであった。このような活動は必ずしも地方都市における地域住民の生活環境の諸問題を解決するまでに至っていなかったように思える。

また、都市計画や建築計画の視点から見ても、地方都市の活性化に対するさまざまな取り組みはあるものの、経済面や形態規制などの議論に終わることが多く、地域住民の生活に密着した有効な手法を確立しているとは言えないような気がする。

都市計画・建築計画・ファシリティマネジメント・環境ＩＳＯ・環境政策・地球温暖化防止にとどまらず、もっと複合的な視点で地域の「生活の質（ＱＯＬ）」の問題に取り組み、それを解決するための体制づくりが必要である。

大学が地域連携の第一歩として環境ＩＳＯに取り組み、大学キャンパスを地域環境モデルと位置づけたうえで、その周辺地域を含めたサステイナブルな社会の実現手法を実証的に研究していくことは、地域にとっても大きな成果を生み出すはずである。

## 3　実証研究拠点　千葉大学環境健康フィールド科学センター

千葉大学は、環境ＩＳＯへの取り組みを始める2年前の２００１年、園芸学部の農場を全学部が利用できる環境健康フィールド科学センター（以下、センター）を設置する準備を開始した。同時に、キャンパスマスタープランの検討もスタートさせた。将来、変貌するキャンパス周辺地域の状況をにらむだけではなく、国立大学の法人化を間近に控え、大学の競争力を上げていくための研究拠点として整備しようとしたものである。

センターは、医学、薬学、教育学、看護学、園芸学、工学といった異分野の専門家が学際的に集合し、人間に軸足を置いた分野（医学、薬学、教育学、看護学、環境デザイン工学、社会学、心理学等）と植物に軸足を置いた分野（園芸学、緑地植物学、薬草栽培学、植物工学等）が、「人間と環境植物・生産植物との共生」を共通基盤として、環境健康科学と都市環境園芸学を融合・発展させた「環境健康フィールド科学」を創成することを目標としている。

現在、領域横断型のさまざまな研究プロジェクトが進められている。（表5－3）

そして、これらの研究プロジェクトを統合するアカデミックプランを実現するために、①全学の総力を結集する、②広域的視野でとらえる、③環境と健康を最優先する、④収益性を考える、という4つの目標を掲げてマスタープランの検討を行った。

### ① 全学の総力を結集する

まちづくり・建築・ランドスケープを専門領域とする教員がデザインワーキンググループを立ちあげ、センター教員と度重なるディスカッションを経てマスタープランをつくりあげた。

### ② 広域的視野でとらえる

周辺施設と連携して広域的な緑のリングをつくることを構想し（図5－4）、千葉県・柏市・東京大学・三井不動産に「まちづくり連絡協議会」の設立を呼びかけた。

表５－３　千葉大学環境健康フィールド科学センターのおもな研究プロジェクト　（千葉大学環境健康フィールド科学センター資料をもとに筆者作成）

| | | | | | |
|---|---|---|---|---|---|
| 1 | フィールドサイエンス | 従来の農業・園芸分野の研究をさらに発展させたフィールドサイエンスの構築を目指す。環境を豊かにし、心身を健康にする健康機能植物の増殖、生産や育成、健康機能植物生産や緑化都市生活における省資源、資源循環ならびに環境保全を目的とした研究を進めるとともに、農業・園芸教育による次世代のアグリビジネスを担う人材の育成にも力を注いでいる。 | 6 | 閉鎖型植物生産プロジェクト | 農業・園芸教育の高度化とともに、大量かつ安心、安全な高品質植物生産も目的とした、人工光源を用いた閉鎖型植物生産システムに関する研究。従来のシステム（圃場や温室など）と比べて、植物生産に必要とされる資源投入量が少なくてすむうえに、食の安心、安全にも寄与することから、地域の持続可能性向上にも貢献すると考えている。 |
| 2 | ケミレスタウンプロジェクト | 化学物質を可能な限り低減したモデルハウスづくり、健康に悪影響を与えない環境を整える実験を行い、現在の住人だけではなく、これから生まれてくる世代も健康に暮らせる街を提案することを目的としている。 | 7 | 柏の葉診療所<br>環境健康オフィス<br>柏の葉鍼灸院 | 一人ひとりの体質に合わせた個の医療を実践するとともに、全体のバランス改善による人間が本来持っている自然治癒力の活性化を目標としている。病気の治癒だけでなく、生活の質の向上を目指すとともに、調子は悪いがまだ病気ではない半健康状態（未病）を積極的に診療している。「東洋医学の未病・健康診断」を実施し、漢方・鍼灸に関する相談にも応じている。 |
| 3 | 自然セラピープロジェクト | 人類はその500万年の歴史のうち、ほとんどを自然環境下で過ごしてきた。自然対応する体を持ちながら現代の都市・人工環境下に住む私たちは、森林セラピーや園芸セラピーに代表される自然環境に触れたとき、本来の「人としてのあるべき姿」に近づきリラックスできる。そのリラックス状態を脳、自律神経、内分泌、免疫などの活動指標を用いて解明し、人と自然環境間の相互作用を明らかにすることを目指す。 | 8 | 医食農同源プロジェクト | 心身一如という東洋医学の思想を基盤として，環境や作業としての農を取り込んだ「医食農同源」という健康観を育み、環境と健康を連携した学問体系を構築する。伝承薬や身近な食材、伝統食品など、その起源となっている健康機能性植物を活用する研究活動を通して、人びとが「健康に生きる」という生活の質（QOL）の向上を目指す。 |
| 4 | コミュニティースポーツプロジェクト | 体験学習（遊び・スポーツ）や冒険教育によってコミュニケーションの改善やその方法を学習するとともに、スポーツを核としたコミュニティー形成の研究を行っている。遊び・スポーツを通じて、幅広い年齢層にわたる地域住民の交流拡大に寄与することを目指す。 | 9 | $CO_2$低排出型まちづくり | エリアマネジメントの具体的取り組みとして、$CO_2$排出・吸収量を数値化して、その収支をできる限り地域内で均衡させる手法を研究する。現在、約16 haのキャンパスを実験フィールドとして、そこでの活動にともなう電気、ガスなどのエネルギーの$CO_2$排出量や、圃場や温室などでの植物の光合成による大気中の$CO_2$吸収･蓄積量の数値化に着手した。 |
| 5 | 園芸療法プロジェクト | 「園芸療法」とは、“心身になんらかの不都合を持つ人びとが専門家の支援によって園芸の効用を享受し、より幸福になれるようにしようとする手続きである”と定義されている。本研究ではこれに「園芸福祉」という観点を加えて、園芸の療法的・福祉的活用を目指して、適切なプログラムの開発やその効果の検証を行っている。 | 10 | 柏の葉環境展示温室 | 園芸資源を活かし、健康という視点から環境を整え、それを都市住民の健康増進に活かす地域貢献の拠点施設として計画する。本施設は、都市近郊フィールド環境を基盤とした「いやし空間」と「ものづくり活動」の融合であるとともに、「食と健康」、「環境教育」の研修、薬膳食材研究の実践の拠点であり、地域の産学官連携による新産業の創出を担うものである。 |

### ③ 環境と健康を最優先する

30m×300mの外部空間を環境と健康を最優先するキャンパスのシンボル（グリーンフィールド）として整備し、市民にも開放する計画をたてた。

### ④ 収益性を考える

グリーンフィールドを市民に開放するなどして市民との連携を図り、併せて収益性の確保に結びつける計画をたてた。

このような経緯で、国立大学法人化直前の2003年8月に柏の葉キャンパスマスタープラン（図5-5）の枠組みができあがった。

なお、このキャンパスマスタープランと連動して、千葉大学が地域と連携して取り組む環境形成プロジェクトに「八重桜並木整備と地域の歴史的景観再生」がある。

## 八重桜並木プロジェクト

マスタープランを作成することで、自治体との協力・連携が生まれ、2005年からは地域の環境形成に結びつく、柏の葉八重桜並木プロジェクトが始動した。これは、千葉大学キャンパスマスタープランに位置づけられたものである。

柏の葉八重桜並木プロジェクトは、広域の緑のリングを実現するために生みだされたプロジェクトで、柏の葉キャンパス駅から千葉大学キャンパスを通って柏の葉公園に抜ける約1

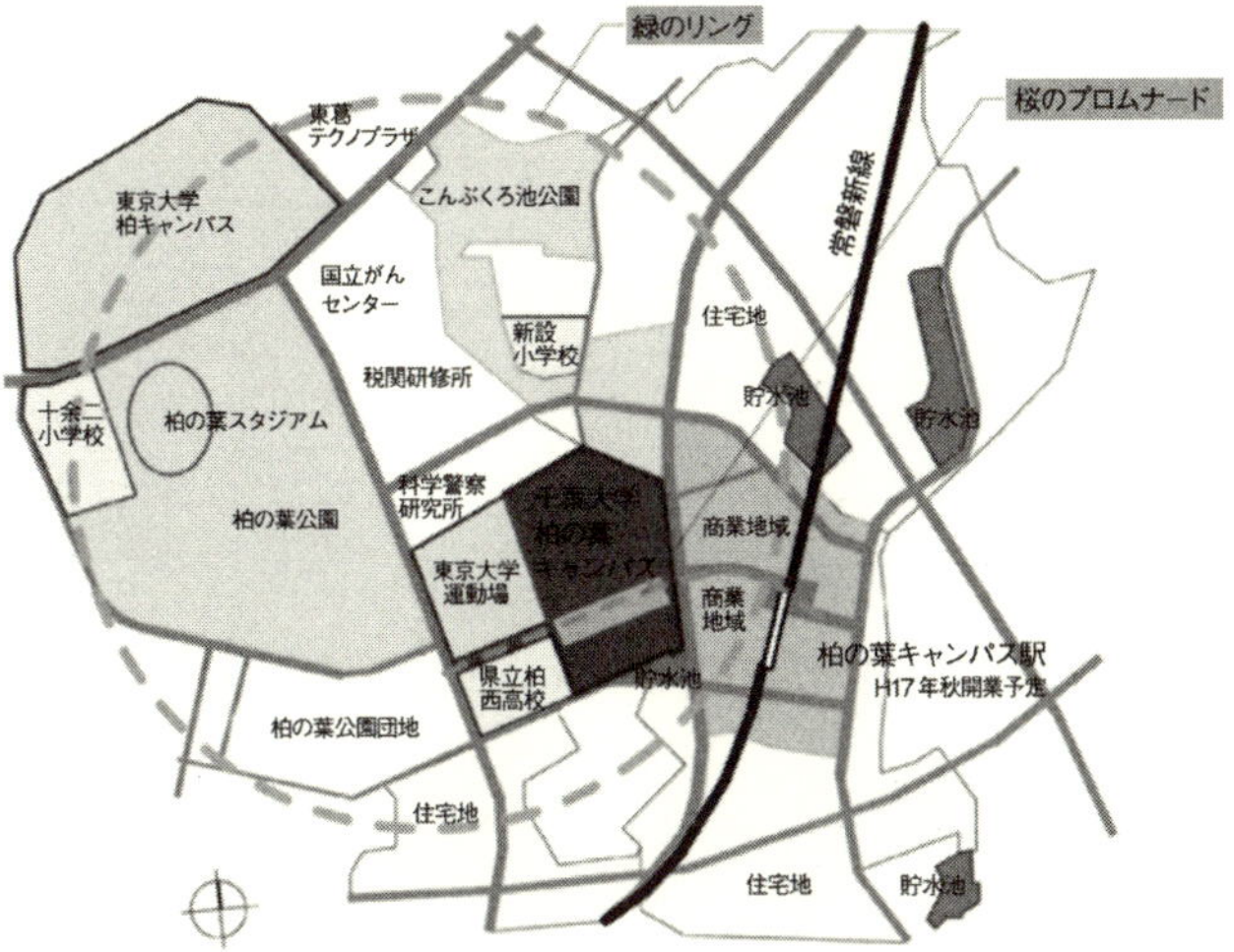


図５－４　千葉大学柏の葉キャンパス整備基本コンセプト

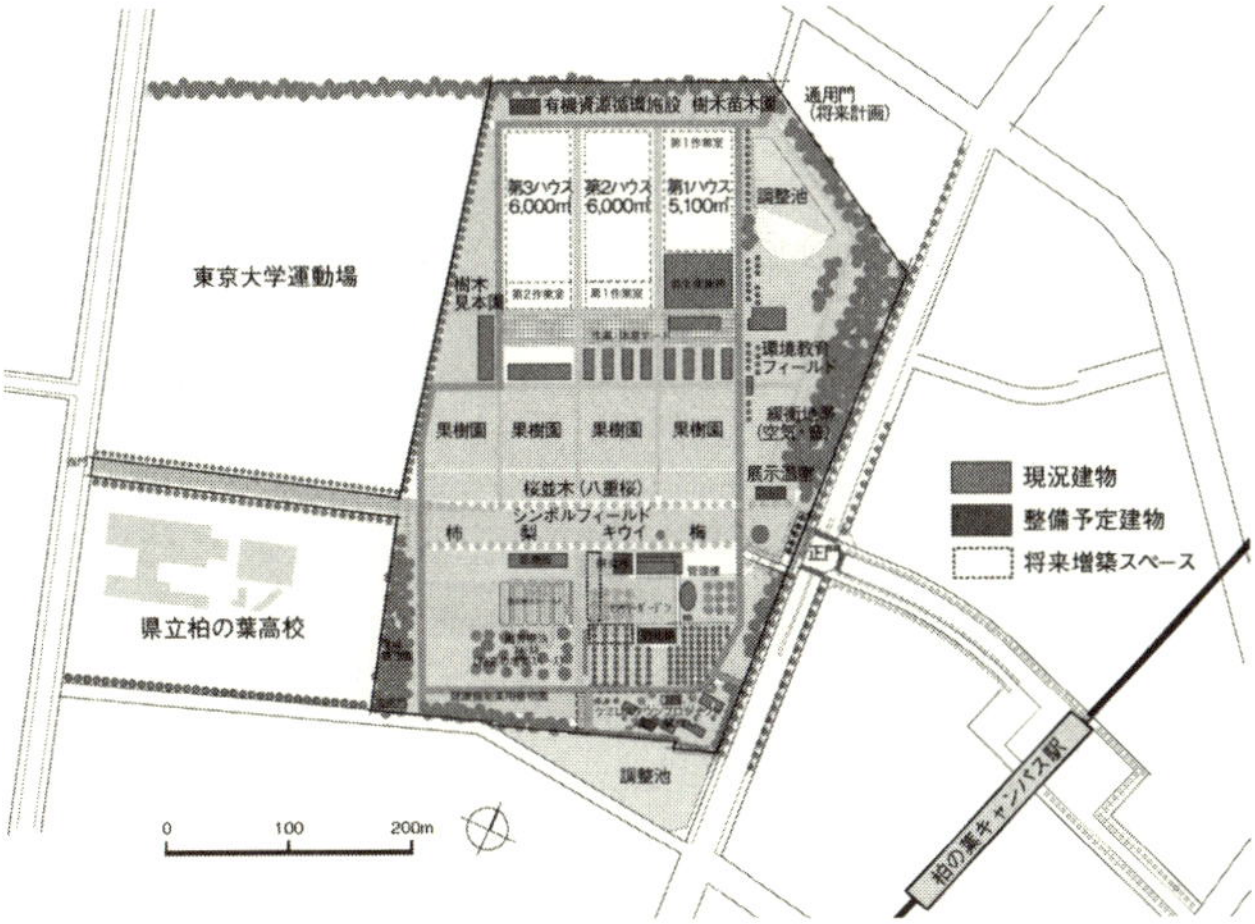


図５－５　千葉大学柏の葉キャンパス平面図

（上下とも千葉大学キャンパス整備企画室作成）

㎞を日本一の八重桜の並木道として整備し、地域の個性を生みだした環境健康キャンパスタウンのシンボルとする計画である。

駅前にショッピングセンターを建設する柏市と三井不動産の協力を得て、大学キャンパスと並木道を連続させる予定である。２００６年４月に設立された「柏の葉八重桜並木設置協議会」で、千葉県・柏市・千葉大学・三井不動産・市民ＮＰＯの参加メンバーが、駅前公道部分の樹木も八重桜に変更することを決定し、同年11月には、駅から千葉大学正門までの並木道が完成した。千葉大学内の並木については、果樹園の移設などを順次行っていく必要があることから、２００８年から２０１１年の４年間で完成させる予定になっている。

地域の歴史的景観再生

千葉大学柏の葉キャンパス東側の敷地境界と県道の間には、柏市によって設置されたコンクリート用水路がある。この用水路は、周辺地域が都市計画の決定を受ける前からあったゴルフ場の雨水排水路として必要だったもので、現在ではその役目を終えている。用水路は県道より約80㎝低い位置にあり、ネットフェンスに囲われている。「柏の葉国際キャンパスタウン」の中心部の景観としてふさわしいものではなく、安全上も好ましくない。

そこで、柏市は千葉県と協議してこの用水路に蓋を掛け、盛土し上部を緑化することによって、江戸時代からこの地域にあった「野馬土手」の景観を取り戻す計画を進めている。（図

5－6）

このように、このキャンパスを拠点に、地域の健康を再生するためのさまざまな取り組みが行われている。次項からは、それぞれの取り組みを紹介していきたい。

## 4　健康まちづくり

前項でも述べたように、柏の葉キャンパスの整備が進む一方で、環境という切り口から食と健康を研究するセンターでは、これまでにない新たな研究活動がスタートした。その中に、環境改善による地域住民の健康増進を図り、未来のまちづくりにつながる環境ユニバーサルデザ

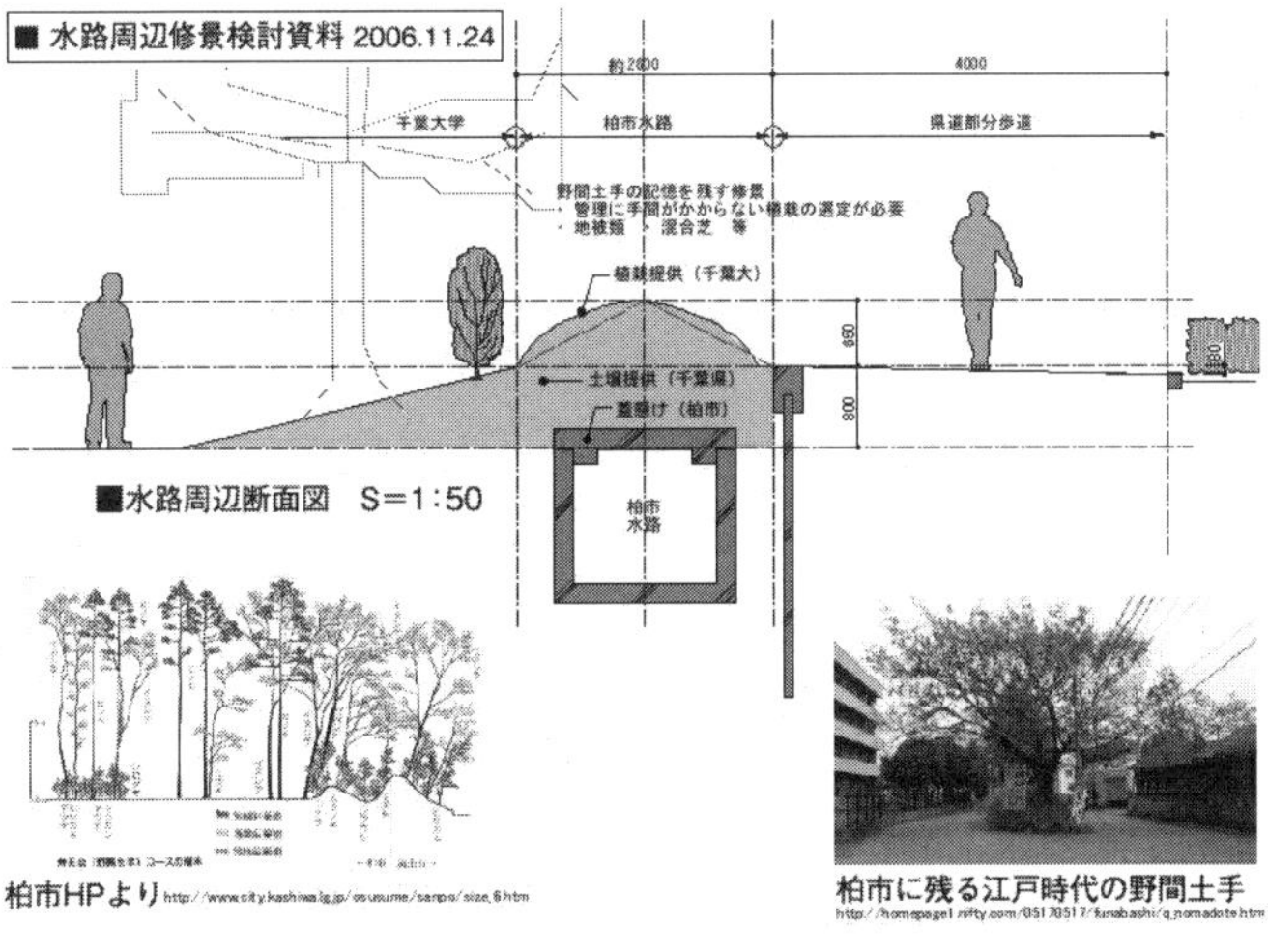


図5－6　柏の葉キャンパス脇の用水路景観整備
（千葉大学キャンパス整備企画室作成）

インの構築を目指す、ケミレスタウンプロジェクトがある。

### (1) ケミレスタウンプロジェクト

このプロジェクトは「化学物質を低減した未来世代のための環境づくり」を研究の目的としている。センター内に化学物質を極力低減した実験住宅(ケミレスハウス)を数棟建設し、アトピーやシックハウス症候群に悩む子供達に短期間滞在してもらって治療を行うとともに、住環境改善による治癒効果を検証するという研究プロジェクトである。実験住宅は住宅メーカーや住宅関連企業が建設し、共同研究を行っている。研究は、医学を専門とする教員を中心に行われるが、キャンパス内に住宅が数棟建設されるため、キャンパスマスタープランを作成した建築系教員からも今後の周辺まちづくりに活用できる知見を得ようと協力体制を確立した。

このプロジェクトは、前述の平成17年度都市再生モデル調査(ケミカルフリータウンによるまちづくり)に採択されたことをきっかけに、千葉県や柏市に注目され、その後の周辺整備計画に大きな影響を与えている。2005年11月には全学がバックアップする環境形成プロジェクト「ケミレスタウンプロジェクト ~未来世代のためのまちづくり~」が正式にスタートした。

つまり、柏の葉キャンパス駅周辺のまちづくりコンセプトの一つに「ケミレス」という考

健康に配慮した外部環境計画

キャンパス内に建設されたケミレスタウンプロジェクト実験住宅

え方を取り入れて環境・健康に配慮したまちづくりを行おうという計画が進み始めたのである。

こうした取り組みに対して、国や千葉県が動きを見せている。

経済産業省が2006年4月に発表した人間生活技術戦略「五感で納得できる暮らしを目指して」では、日常生活でのアレルギーを防ぐ技術としてケミレスハウスとケミレスタウンが紹介されている。

千葉県企業庁が事業提案の募集をした柏の葉キャンパス駅前街区の開発についても、その募集要項に、化学物質を低減するという項目が盛り込まれている。また、不動産会社が建設分譲する集合住宅の一部にもケミレス仕様を採用しようという計画が進んでいる。

こういった動きは、学際的な協働のもとに、一つの研究プロジェクトが周辺のまちづくりまでに発展するこれまでにない事例であり、都市再生のために大学と地域が連携する一つの方向性が見えてくる。

2007年4月にはプライベートゾーンの実証実験棟4棟が竣工し、5年間の実証実験期間がスタートした。

そして、2007年12月12日には、経団連会館で完成記念シンポジウム（写真）が開催され、養老猛司（東京大学名誉教授）・小宮山宏（東京大学総長）・古在豊樹（千葉大学学長）・

和田勇（積水ハウス社長）・森千里（千葉大学教授、ケミレスタウン®プロジェクト・研究リーダー）各氏の講演とディスカッションに約５５０名の聴衆が集まった。

研究初年度にあたる２００７年度は、完成した実験棟の空気質測定を、家具がない状態と家具を入れた状態で測定し、原因物質の探索と目標値の検討などを行った。２００８年度には、関係者限定のプレ入居実験と環境医学診療科の相談受付を開始し、２００９年度には一般（病院紹介者）の入居について実証実験を開始する予定である。

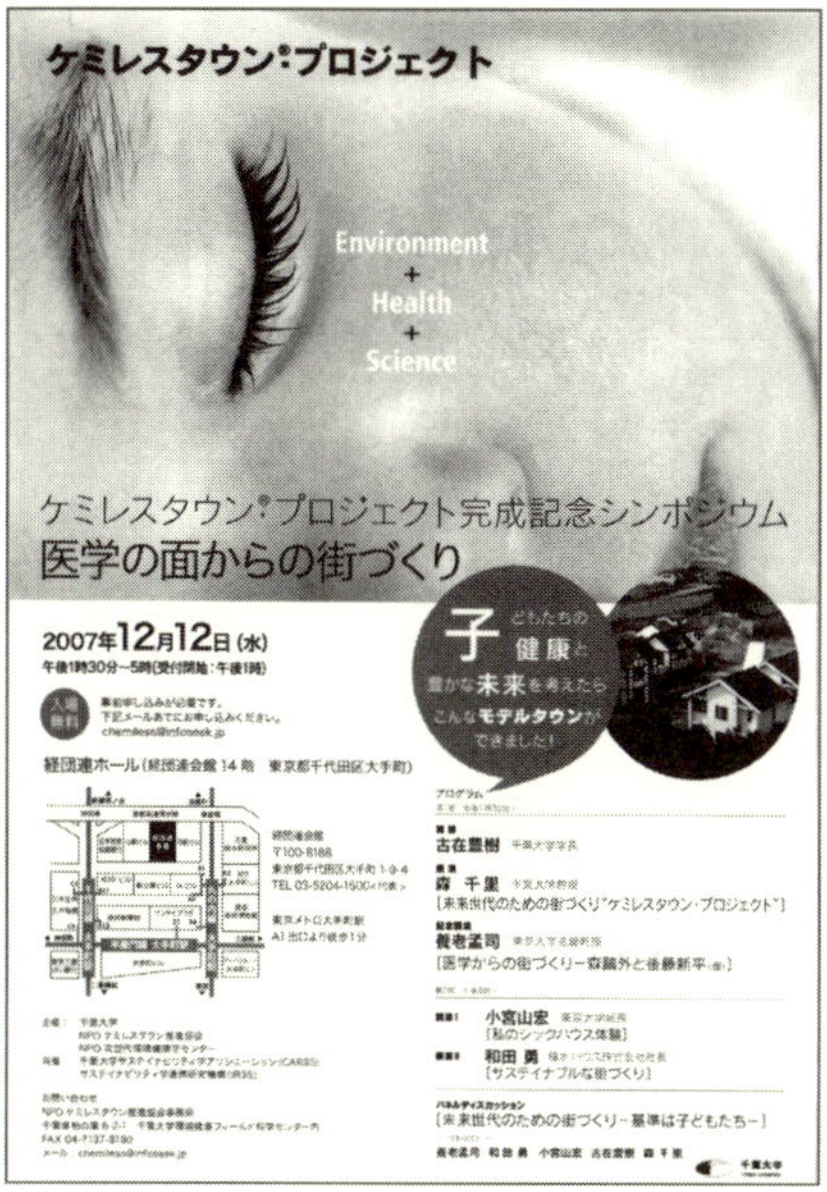

ケミレスタウン実証住宅竣工記念
シンポジウムのパンフレット
（提供：ＮＰＯケミレスタウン推進協会）

４棟の実証実験が竣工した直後から多くの見学者、視察団があいついでやって来ている。船橋市、市原市といったほかの自治体や、環境省、国土交通省といった国の機関も大きな関心を寄せている。ＮＨＫのニュースなど日本のメディアに紹介されるだけではなく、外国のメディアにも紹介され、シックハウス症候群やケミレスタウンプロジェクトへの関心が高いことがうかがえる。

### (2) ケミレスタウンプロジェクトから予防医学プロジェクトへ

高齢社会をむかえ、予防医学分野の重要性が高まっている。また、健康保険の財政の逼迫から医療制度の改正も予定されている。そのような背景の中、柏の葉エリアの健康なまちづくりを実証的に推進し、健康分野のプラットフォームをつくりあげるために、我が国の「予防医学のメッカ」、柏の葉ブランドを構築する計画が進んでいる。

具体的には、2007年6月1日に設立された千葉大学予防医学センターを中心に、健康データセンター(仮称)、医療コンシェルジュ(仮称)が連携して、地域住民や地域医療機関を双方向通信で結んだ次世代型医療体制のモデルを構築する。そして、予防医学を進めるための追跡研究を行うとともに、これら新しい医療や研究を推進する人材を育成する。

病気の予防には、健康増進などを行う第1次予防、病気の早期発見や早期治療を行う第2次予防、病気の再発防止やリハビリテーションによる第3次予防がある。

予防医学プロジェクトはこれらに加えて、住・生活環境や食習慣などの環境改善にもとづいた第0次予防ともいえる取り組みを基盤とし、特定地域の住民を対象とする継続的な予防医学研究(コホート研究)を進め、科学的に解析するとともに、新たな予防医療システムを

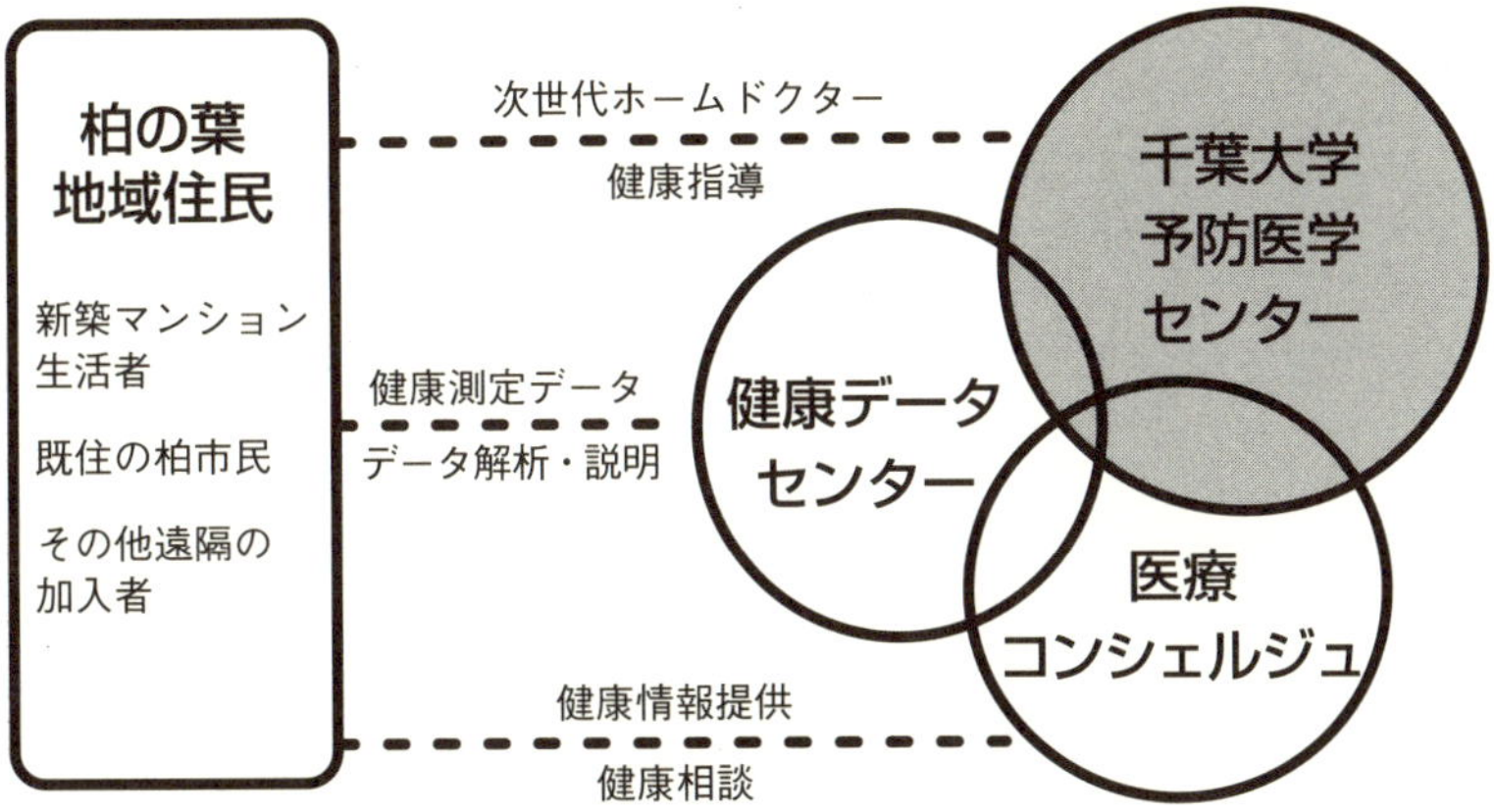


図５－７　地域のおける予防医学センターの役割
（千葉大学キャンパス整備企画室作成）

構築していくことに特徴がある。（図５－７）

このようなプロジェクトは、地域生活者の健康増進や疾患発症予防、早期回復、次世代医療体制の構築、そして、制度改正が予定されている地域保険税の負担軽減に寄与するプロジェクトになることが期待されている。

## 5　公民学連携による実証実験都市：柏の葉

これまで述べてきた千葉大学の取り組みが、実際のまちづくりにどのように活かされているかを具体的に紹介しよう。

## （1）つくばエキスプレス柏の葉キャンパス駅周辺のまちづくり

2005年11月7日、内閣官房都市再生本部（現、地域活性化統合本部）の呼びかけによる「大学と地域の連携によるまちづくりワークショップイン柏・流山」が東京大学柏キャンパスで開催された。同本部が募集した平成17年度都市再生モデル調査に採択された案件のうち、柏・流山地域における4件いずれも大学と地域の連携による地域再生の試みであったため、このワークショップは開催された。（4章表4－1参照）

千葉大学柏の葉キャンパスと東京大学柏キャンパスは、柏市北部地域にあり、どちらも比較的新しいキャンパスである。千葉大学は全学共同の環境健康フィールド科学センターがあり、東京大学は新領域創成科学研究科や共同利用センターなど大学院に特化した高度研究拠点キャンパスがある。周囲には、県営柏の葉公園、国立がんセンター、財務省税関研修所、警察庁科学警察研究所、東葛テクノプラザなどの公立機関が集まっているものの、周辺の交通基盤整備は遅れていた。だが、2005年8月、千葉大学キャンパスの西約250mの位置に待望のつくばエキスプレス線「柏の葉キャンパス駅」が開業し、具体的なまちづくり計画が一気に加速した。

1999年に都市計画決定された周辺地域は、不動産会社が所有するゴルフコースだった場所で、千葉県企業庁によって、駅周辺を業務地区、そのほかを住居地区とする施行区域面積272・9ha、計画人口約2万6000人の区画整理事業の地域となった。（図5－8）

その後、柏市主催のまちづくり協議会が設置され、まちづくり計画の立案が行われた。東京大学や千葉大学の教員も委員として参加し、容積率決定やまちづくりガイドラインの作成に関わった。しかし、この時点では千葉大学や東京大学のキャンパスは区画整理事業の外にあったため、まちづくり計画と直接関係を持っていなかった。

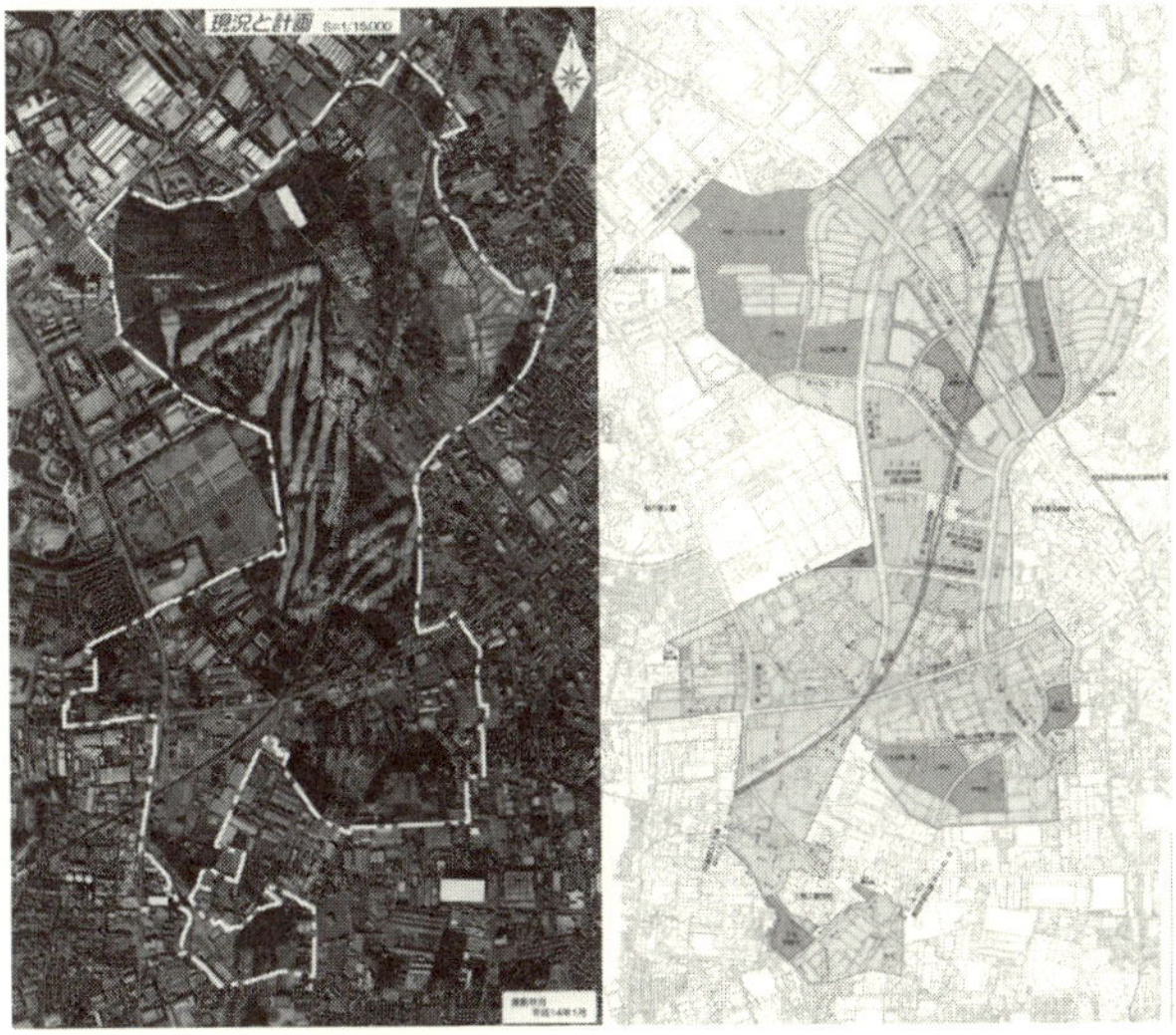


図５－８　柏市北部地域の区画整理前航空写真と都市計画決定図
（柏市ホームページより転載）

一方、千葉大学は、本章の３項で述べたとおり、環境健康フィールド科学センター（以下、センター）を設置する準備を開始し、国立大学法人化直前の２００３年３月には柏の葉キャンパスマスタープランの枠組みを作成していた。

そして、まちづくり連絡協議会（千葉県・柏市・東京大学・千葉大学・民間事業者が参加）に、まちづくりに関連する、周辺施設と連携して広域の緑のリングをつくる構想と、駅から柏の葉公園に至る１㎞の八重桜並木整備構想を提案し

柏の葉アーバンデザインセンター外観

た。この協議会が、後述する「柏の葉国際キャンパスタウン構想」の研究母体になり、環境と健康を最優先する千葉大学のキャンパスづくりの考え方がまちづくりにも活かされていくようになった。

一方、柏市と流山市、千葉県、UR都市再生機構は2003年から都市づくり調査を開始していた。2005年には市長と知事、東京大学総長、千葉大学長が産業づくりと都市づくりの将来を議論する会合を行った。2006年には「大学と地域の連携によるまちづくりプロジェクトリーダー会議」が結成され、環境、健康、創造、交流の分野で21のアクションプログラムが実践されている。この中で重要プロジェクトの一つとして位置づけられたのが「柏の葉アーバンデザインセンター（UDCK）」である。これは、前述したまちづくり連絡協議会が推進して設立したものである。

（２）柏の葉アーバンデザインセンター：ＵＤＣＫ

柏の葉アーバンデザインセンター（正式名称：柏の葉キャンパスシティ・アーバンデザインセンター・ＵＤＣＫ）（写真）は、千葉県柏市の北東部にある柏の葉地区を対象地域とした、公民学連携のまちづくり拠点である。国際性豊かな「環境・健康・創造・交流」のまちづくりの実現に向けて、地域（柏市、柏商工会議所、田中地域ふるさと協議会）や大学（東京大学、千葉大学）、民間企業、関係機関、市民が協働して活動を行っている。

ＵＤＣＫは、つくばエキスプレス秋葉原駅と筑波研究学園都市とのほぼ中間地点にある柏の葉キャンパス駅の前に位置している。教育・実験・環境・芸術・交流を目的に、市民に開放された展示用ギャラリー、図書ラウンジ、インフォーメーションコーナー、屋外テラスなどを使って、大学院演習課題の都市デザインスタジオ、市民を対象にしたまちづくりスクール、ベロタクシー試験走行といったまちづくりに関するさまざまな新しい試みが行われている。

（３）　柏の葉国際キャンパスタウン構想

柏の葉国際キャンパスタウン構想（以下、〈構想〉）は、ＵＤＣＫの運営にあたってきた千

表５－４　柏の葉国際キャンパスタウン構想の８目標

（柏の葉キャンパスタウン構想概要版をもとに筆者作成）

| | | |
|---|---|---|
| **目標１：環境と共生する田園都市づくり<br>脱炭素社会モデルとなる緑地保全や持続型開発による『環境空間』と市民や企業の『環境行動』を誘発する** | | |
| 方針 | | 重点施策 |
| 1 | 「緑地ネットワーク」を保全・強化し、現在の緑地率４０％を維持 | 1)「利根川水系緑の回廊」と「柏の葉緑の回廊」を保全<br>2) 自然的な緑地や水系を繋ぐ「生態系緑地」を創出<br>3) 緑地や農地の「保全活用システム」を整備 |
| 2 | 持続性の高い開発や建築の「柏モデル」を普及し、街区の緑化率２５％、$CO_2$削減３５％を達成 | 1) 街区と建築の「高効率化と長寿命化」<br>2)「環境技術の複合利用」により、2030 年には $CO_2$ を 35％以上削減<br>3) 柏独自の「環境まちづくりガイドライン」の運用<br>4) サステイナブルキャンパスの実現 |
| 3 | 市民生活を環境共生型に改める | 1)「エコ・デザイン・ツーリズム」による環境への関心や理解<br>2)「エコ・ポイント」の地域全体への普及と循環を促進 |
| **目標２：創造的な産業空間と文化空間の醸成<br>ＴＸ沿線の知の集合を活かし、高度な新産業の育成と創造産業の集積を図る** | | |
| 方針 | | 重点施策 |
| 1 | ＴＸ沿線の広域連携により世界水準の「100 産業創出」と「10 企業誘致」を進める | 1) 産業を創出するための「未来指向の研究開発」を進めるラボやセンターの充実<br>2)「環境健康研究とビジネス」を柏の葉の主力産業として育成<br>3) バーチャルな産業空間の創出 |
| 2 | つくばと秋葉原の集積を結ぶ「ＴＸ－ナレッジ・ネットワーク」を構築する | 1) 柏の葉地域を核とする研究や産業の「創出支援策」<br>2) 世界企業や成長産業の「誘致戦略」の充実<br>3) 広域交通ネットワークの補強・整備 |
| 3 | 既存産業の高次化と環境改善と「十余二工業団地の再生」など競争力の強化を図る | 1) 大学と企業連携による技術やビジネスの革新<br>2) アートやデザインを通して柏ブランドの創出 |
| **目標３：国際的な学術空間と教育空間の形成<br>世界をリードする研究機能と地域に開かれた学術空間が街に展開する新たな国際学術都市のスタイルを確立する** | | |
| 方針 | | 重点施策 |
| 1 | 世界をリードする研究や教育の機能を強化する「１０の研究や教育の機関」を誘致する | 1) 先端的･総合的･東洋思想の頭脳が集積する世界レベルの研究拠点を形成する<br>2) 高度で先端的な研究機関の誘致制度・体制を確立する<br>3) 国際的な学術交流が可能な空間とシステムをつくる |
| 2 | 外国人の研究者や学生が暮らしやすい居住環境を整える「1000 人の活動」を支援 | 1) 外国人研究者向けの住宅や医療・子育て環境など生活支援施設を整備<br>2) 外国人に対する情報提供や相談窓口の設置 |
| 3 | 柏の葉から世界の最先端で活躍する人材を育成する | 1) 大学や芸術文化系の専門学校など特色ある教育機関を誘致する<br>2) 中学校や高等学校の誘致や教育環境の向上を図る<br>3) 企業の資金支援による人材育成 |
| 4 | 地域と大学や研究機関との連携により独自の文化や空間をつくる | 1) 地域連携の研究教育プログラムをつくる<br>2) 市民と大学が交流する場をつくる |
| **目標４：サステイナブルな移動交通システム<br>自転車や公共交通を中心に地球と人に優しい移動環境を整備する。次世代交通の総合的な実験成果を展開する** | | |
| 方針 | | 重点施策 |
| 1 | 世界の環境交通モデルとなる移動のシステムを整える | 1) 柏の葉地域を TOD 推進地区として位置づけ、新しい移動システムの実証実験と導入促進<br>2) 柏の葉地域と柏駅地域を結ぶ交通を整備 |

| | | |
|---|---|---|
| 2 | 歩行者と自転車の楽しい移動を可能とするネットワークをつくる「自転車分担率の１０％増加」 | 1) すべての幹線道路への自転車レーン設置などネットワーク整備<br>2) フリーサイクルや共同自転車などのシステムを導入<br>3) 地域資源を活かす魅力ある歩行空間とネットワーク形成 |
| 3 | 自動車利用を減らすため総合的な施策を展開する「自動車分担率の１０％低下」 | 1) カーシェアリングの実施などにより自動車利用を削減<br>2) 環境に優しいエネルギーの利用 |
| **目標５：キャンパスリンクによる柏の葉スタイルの創出<br>環境に優しく健康に暮らす柏の葉スタイル、また豊かな交流や文化芸術を創造する** | | |
| 方針 | | 重点施策 |
| 1 | 健康で快適な生活空間と環境行動「柏の葉スタイル」を定着させる | 1)「健康・環境行動」へのアフォーダンスを高める空間の整備<br>2)「ケミレス・タウン」の展開<br>3) 予防医学による新しい健康づくり<br>4) 先端技術による健康増進システムを整備 |
| 2 | 多様な住み方、暮らし方ができる住宅を供給し、キャンパスリンク住宅を10%以上にする | 1) 大学等の研究者やクリエイター向けに「居住優遇制度」を整備<br>2) 大学教育と連携したプログラムがついた住宅の供給<br>3) 駅前地区の住宅開発ではの１０％以上のキャンパスリンク住宅 |
| 3 | 農や食の文化を育む空間と生活を充実させる | 1)「アグリビレッジ」など農を通した生活空間を整備<br>2) 農や食をテーマとする市民の学びの場 |
| **目標６：エリアマネジメントの実施<br>公民学連携で安全で快適な環境と地域の価値を維持し、向上させる地域経営組織を設立する** | | |
| 方針 | | 重点施策 |
| 1 | 環境・健康行動を普及し質を高めるマネジメントを行う | 1) エコポイントを中心に、環境と健康的な活動や福祉などボランティア活動と企業活動を結ぶ<br>2) 地域の祭りや文化的な催事、世代間交流などの地域活動を活性化 |
| 2 | 安全や魅力を生み価値を高めるマネジメントを行う | 1) 地域まちづくり団体の参加で計画をつくり、公民連携で実施<br>2) 環境整備などまちづくり事業やプロモーション事業を継続的に実施 |
| 3 | 公民学の連携で自立したマネジメントを行う | 1) 住民、企業、地域活動団体との連携体制を確立<br>2) 企業、自治体、大学の連携による〈構想〉のフォローアップ体制の構築 |
| **目標７：質の高い都市空間のデザイン<br>先進的な環境空間計画とデザインマネジメントにより都市と生活の質を高める　　いい街がいい人（研究者、生活者）を呼ぶ** | | |
| 方針 | | 重点施策 |
| 1 | キャンパスのように緑溢れる自由な都市空間をつくる | 1) 大中小の多様なオープンスペースの設置と連続<br>2) 柏独自の魅力的な街並形成のための規制<br>3) ランドスケープデザインの徹底 |
| 2 | 大学から街へ広がる学園の道（University Axis）をつくる | 1) キャンパスタウンの風格と賑わいを表出する駅前通り<br>2) 大学内に、街へ開いた都市空間を整備する |
| 3 | 緑の中に多様な活動が見える緑園の道（Green Axis）をつくる | 1) 新しい公共空間を整備する<br>2) 屋外の生活空間を形成する<br>3) 生態系を回復する森を形成する |
| 4 | ＵＤＣＫを中心にアーバンデザインを実現する | 1) 柏の葉地域のマスターデザインを定める<br>2) 公有地や公的施設の先導的役割とデザイン水準 |
| 5 | アーバンデザインを柏市域や沿線地域へ広める | 1) 郊外の住宅や商業施設の柏モデルをつくる<br>2) 新しい公共空間を実現する |
| **目標８：イノベーション・フィールド都市<br>世界の最先端の技術や文化を展開し、都市としてスパイラルアップする** | | |
| 方針 | | 重点施策 |
| 1 | 国際学術研究都市を国内外にアピールする | 1) リサーチコミッションを設置する<br>2) 街の価値や魅力を高める都市プロモーションを実施する |
| 2 | 実証実験の支援と実現プログラムを提供する | 1) 研究者、企業、国、自治体、さらに地域や市民が参加する協働研究を増やす<br>2) 実証実験への補助や寄付などの支援制度 |

葉県、柏市、東京大学、千葉大学の四者が平成18年度・19年度の2年間にわたって行った共同研究であり、２００８年5月にその成果が公表された。私も〈構想〉策定のためのワーキンググループの一員としてこの作業に参加した。

この〈構想〉は、地域（柏の葉地域）と大学キャンパスとの連携に着目し、公・民・学の連携・協働によって国際学術研究都市・次世代環境都市づくりを目指そうというもので、先進的な取り組みとして多方面から注目されている。

本項では、1.〈構想〉の概要、2.〈構想〉における千葉大学の役割と今後の課題について紹介したい。

## 1 〈構想〉の概要

まちづくりは、新しい土地区画整理事業の地域だけではなく、周辺の既存住宅地や大学キャンパスなども含めて考えていかなくてはならない。また、自治体や大学が一方的に推し進めていくべきものでもない。土地区画整理事業の地域に、すでに居住している周辺住民とこれから住む人びとに参加を促し、まちづくり活動を推進していく必要がある。〈構想〉ではそのためのフレームワークを示すとともに、目標を8つ掲げ、さらに、数値目標を含む方針と重点施策の提案を行った。（表5－4）

〈構想〉は、より広域の上位計画である「柏・流山国際学術都市構想」がテーマにかかげる「環境・健康・創造・交流の街づくり」推進のための一役も担っている。

## ２　〈構想〉における千葉大学の役割と今後の課題

〈構想〉自体が、大学との連携を前提にしたものであるため、東京大学、千葉大学の両大学が果たすべき役割は多岐にわたる。その中でも、環境と健康に関する研究拠点であるセンターの役割は大きい。

とくに、「目標１：環境と共生する田園都市づくり」では、脱炭素社会モデルの構築を掲げ、２０３０年までに２０１０年比で35％の$CO_2$削減を提案している。柏市が掲げている目標よりさらに５％高い数値である。センターで進行中の「$CO_2$削減キャンパスモデル（※１）」の研究成果がこれに活かされることになろう。

また、「目標３：国際的な学術空間と教育空間の形成」のために、センターの野外フィールドを活用した地域連携の研究・教育プログラムの検討も開始されている。

さらに、「目標５：キャンパスリンクによる柏の葉スタイルの創出」では、千葉大学が推進するケミレスタウンプロジェクト（※２）、予防医学プロジェクト（※３）、コミュニティースポーツ・プロジェクト（※４）、医食農同源プロジェクト（※５）、園芸療法プロジェクト（※６）など（次ページ写真）を、環境に優しく健康に暮らすライフスタイルを実現するための重点施策としている。

千葉大学の
研究プロジェクト
（提供：千葉大学環境健康フィールド科学センター）

左上：ケミレスタウン
左下：コミュニティスポーツ
右上：園芸療法
右下：医食農同源の各プロジェクト

〈構想〉は、21世紀型の新しい地域テーマを先取りしたものであり、現在の法制度や政策を超えた提案を含んでいる。したがって、実現にあたっては、関係機関との調整、制度の改善、上位計画へのフィードバック、〈構想〉の見直しも含めた運用が必要になる。今後は、自治体と大学だけでなく、地域住民、地域農家、民間企業を含めた、文字通りの「公民学の連携」によってまちづくりを進めていかなければならないと考えている。

※1　エリアマネジメントの具体的取り組みとして、$CO_2$排出・吸収量に着目、数値化して、収支をできる限り地域内で均衡させる手法を確立することを目指す。

※２　化学物質を可能な限り低減したモデルハウスをつくり、健康に悪影響を与えない環境を整える実験を行い、健康に暮らせる街を提案することを目的としている。

※３　千葉大学予防医学センターを核に、地域住民や地域医療機関を双方向通信で結んだ次世代医療体制のモデルを構築し、予防医学を進めるための追跡研究と、人材育成を行う。

※４　体験学習（遊び・スポーツ）や冒険教育によってコミュニケーションの改善やその方法を学習するとともに、スポーツを核としたコミュニティー形成を目指している。

※５　心身一如という東洋医学の思想を基盤として、環境や作業としての農を取り込んだ「医食農同源」という健康観を育み、環境と健康が連携した学問体系を構築する。

※６　園芸の療法的・福祉的活用を目指して、適切なプログラムの開発やその効果の検証に取り組んでいる。

## ６　農地と住まいが近接した環境健康都市構想

柏の葉国際キャンパスタウン構想を検討していく中で、環境と健康に配慮した新たな地方都市のサステイナビリティモデルの確立が最重要課題であることが明らかになってきた。そこで、柏の葉地域を実証実験フィールドとして、農地とすまいが近接した環境健康都市のモデルづくりを行うプロジェクトが始まろうとしている。

日本の多くの都市郊外は農地を包含する低密市街地である。本来、都市生活と食料生産は空間的にも経済的にも近接していた。しかし、食の現場が日常から遠のいたことが、市民の環境に対する意識の低下を招き、環境破壊や地球温暖化の一因になったように思う。しかし、今後は、前述した「柏の葉国際キャンパスタウン構想」にあるように、農業を中心に地方の経済と空間を再編し、日本ならではの都市と自然が融合したコンパクトシティ「環境と共生する田園都市」の実現を目指すことが必要である。現在、都市化の波に飲み込まれてしまうことの多い郊外農地で、50%以上の$CO_2$排出量を削減できる要素技術を組み込みながら、農業従事者、新住民との共生関係を生み出すという住宅地と農地の新たな空間モデルの制度設計・構築に向けた準備研究がスタートしている。最初の第一歩は、柏市・UR都市機構・地域住民による柏北部東地区まちづくり協議会が選定した戦略的モデル地区を対象として空間デザインモデルを提案する予定である。

都市計画的に見ると、市街化地域の管轄は国土交通省、農地の管轄は農林水産省と所轄官庁が違うということもあり、専業農家以外の市民が恒常的に農地を利用することができない状況にある。このような制度に一歩踏み込んで、都市近傍にある農地と都市居住者の距離をできるだけ近づけることが重要であろう。

住まいと近接する「緑としての農地」の活用が盛んになることで、農産物の生産地と居住地が近づく。これまではあたりまえのように排出されていた農産物の輸送に関わる$CO_2$の低減につながる。また、必要最小限の農薬散布で作られたことが明らかになっている農産物は、一般の消費者に安心・安全を与えることができる。これまでも、地産地消が叫ばれてきたものの、その多くは地域おこしの要素が大きく、脱温暖化や環境共生効果を定量的に把握したり、着目したりする事例は少ない。また、都市にある農地の活用に適した都市デザインを検討した事例も数少ない。都市デザインの中に、50％以上の$CO_2$排出量を削減できる要素技術のいくつかを盛り込んでいく必要がある。

住まいと「緑としての農地」を近接させれば、すなわち、農産物の生産地と居住地が近づけば、これまで居住地では大きな問題とはなっていなかった農薬散布のようなテーマを解決する必要がでてくる。実際、個人で楽しむ家庭菜園レベルでも、なんらかの農薬を散布しないと、農産物を得ることがむずかしい。そこで、農薬散布によらず、身の回りにいる有用天敵昆虫の力を借りて、食（農産物）に対する安心・安全を高めることも一つの方法である。また、エネルギーの合理的な使用のため農産物を生産する際に発生する$CO_2$排出量の低減を実現する技術の開発も必要になる。これらの要素技術によって、環境負荷が最小化された「緑としての農地」が実現できるはずである。

また、センターが株式会社ウェザーニューズと共同で進めている、市民による気象観測マイクロネットは、農地の気象緩和効果の把握だけではなく、自助防災への活用の可能性も秘めている。すでに、柏市民は、低地で浸水被害が発生したことから、それを未然に防ぐための自助防災機能の一部として気象観測マイクロネットの活用に対する要望を寄せている。

これまでに、脱温暖化・環境共生都市の構築をねらった取り組みは数多く存在するが、その多くは理念的な要素が大きく、学術的かつ定量的なデータにもとづいて構築を目指した事例はほとんどない。そのため、取り組みが成功したとしても、それはある特定の地域にしか適用できない危険性をはらんでいる。だが、私たちは、単に提案のモデル地区である千葉県柏市の事例にとどまらず、全国の中小規模の都市においても、学術的かつ定量的なデータにもとづいて、脱温暖化・環境共生都市のモデルづくりを行うことを考えている。わが国の都市にとどまらず、国外、とくにアジア圏内の都市への展開も視野に入れている。

このまちづくり活動は、大学がハブとなって複数の産業、官庁ならびに数多くの市民が参加する市民科学の実践である。地域に根ざしつつも、産官学民から多様な人材が参加することで、これまでは大学や研究機関だけ、もしくは大手デベロッパーだけでは達成することができなかった脱温暖化・環境共生都市を構築することができれば、単に「柏の葉国際キャンパスタウン構想」成果としてだけではなく、同じ課題を抱える地域、さらには、近い将来同じ課題の発生が予想される世界の諸地域に発信できるだろう。

また、自然や食の安全に対する市民意識を高め、消費者自らが食生産の一部を担うという新たなライフスタイルを創造し、食糧自給率の改善という成果も期待することができる。

「柏の葉国際キャンパスタウン構想」の対象地域を含むつくばエキスプレス沿線地域は、スプロール化する市街地が食料生産の基盤となる農地を浸食していくという我が国の典型的な地方郊外都市の空間が広がっている。このような問題は、我が国だけではなく、これから経済的発展期を迎えるアジアの諸都市の近未来の課題を内包していると言えよう。このようなモデル的性格を持つ地域において、農地と住まいが共生する新たな環境を構築する取り組みは、大変ユニークな試みであり、意義あることだと考えている。

地域の課題を解決するとともに、ほかの地域や世界の課題を解決する普遍性を持つことがこれからは重要である。今、まさにグローナカルな視点を持った取り組みが求められている。

# 第6章　キャンパスと地域から世界へ
## ―3つの提言―

最終章では、地域と大学が連携しながら地域再生を実現していくための提案を述べる。大学内での活動や建築設計、まちづくりの取り組みを通じて、これまで私が考えてきたことをまとめたものである。

## 1　カレッジリンク型コミュニティーをつくろう

### 大学で学びたい高齢者

2006年春、ある一人のかくしゃくとしたお年寄りが、私が勤務する千葉大学の学長室を訪れた。「高齢者が大学で学びながら生活できる集合住宅をつくりたいと思っています。建設費用はすべて自分たちで持つので、大学の土地を貸してもらえないでしょうか。」と言うのである。加えて、その方は、早くに婦人を亡くし、子供たちも独立しているので、「これからは、元気なうちに、若い人達と自分の好きなことを学びたいと思っています。そして、できれば若い人達に自分の経験を少しでも伝えることができれば最高です。そういうことを考えている人が、自分の周りにはたくさんいます。１００人ぐらい集められると思います。」と、話した。さらに、「住宅に関しては贅沢なことは言いません。いくつかの部屋は、学生寮として格安で提供してもよいと思っていますし、そのほうが私たちも楽しいです。」と言うのである。その熱意に動かされた学長は、早速学内の関係者を集め、実現の可能性について検討するよう指示を出した。私の大学内での役割は、キャンパス整備の中長期計画を立案するとともに、大学における新たな施設整備の手法を検討することなので、メンバーの一員となり検討を進めることになった。

その検討作業の中で、関西大学が教育プログラムと連動した高齢者用住宅(※1)を、スタートさせるという情報を入手した。この計画は、関西大学文学部が中心となって高齢者向け教育プログラムを開発し、高齢者用住宅の建設・運営・管理は民間企業が担うというものである。これは千葉大学で検討している課題の参考になると思い、早速その創設記念シンポジウムに参加した。そこで出会ったのが、パネリストの一人であった村田裕之氏が提唱するカレッジリンク型シニア住宅という考え方である。

カレッジリンク型シニア住宅とは、アメリカで1990年代なかばに登場した高齢者コミュニティーの形式の一つである。その特徴は、大学の近くまたはキャンパスの中にあって、大学と連携して運営を行うことに特徴がある。入居者は大学で学び、大学施設を利用することができる。現在、アメリカ国内では計画中のものまで含めて約60か所程度が運営されていると言う。このカレッジリンク型シニア住宅の実現は、大学の近くに住む人びとがNPOを設立し、大学と連携した高齢者コミュニティーをつくりあげようとした活動が発端になっている。設立の発起人は、大学をリタイアした学長や学部長のケースが多い。

村田氏によれば、カレッジリンク型シニア住宅の入居者の要介護率は極めて低いと言う。一般的に、日常生活に支障がない状態で老人ホームに入居しても、要介護の状態になるのが、入所後5年後に10％以上、10年後は20％以上になると言われている。ところが、カレッジリンク型シニア住宅の一つであるラッセルビレッジでは、5年後の要介護率が3％未満であるという(※2)。

日本人の平均寿命は2007年現在、男性79・19歳(世界3位)、女性85・99歳(世界1位)であることは第1章でも述べた。年金問題、後期高齢者医療問題など解決が必要な問題は山積みであるが、リタイアした後も健康な生活を一日でも長く送り、死ぬ間際まで介護や病院の世話にならず元気に過ごし、その時が来たらコロッと一生を終えることができればと、多くの人が考えているはずである。老人医療の専門家である折茂肇氏は、このような生き方を「直角型人生」と呼んでいる。直角型人生は、他者に迷惑をかけずできるだけ長い間ＱＯＬの高い健康な生活を送り、その時が来たら、自分も苦しまず、他者にも迷惑をかけずに死ぬ生き方である。

老後は、のんびりと夫婦二人で旅行をしたり、仲間とゴルフをしたり、これまでできなかった絵を描いたりして過ごす。このような希望はあっても、現実にそれが実現できるかどうか、多くの人が不安を感じているのではないだろうか。

２００７年は、戦後生まれの、いわゆる団塊世代の第一陣が一斉に定年退職を迎えた年である。戦後の経済発展の牽引力となってきた世代は、退職後の生活をどのように送りたいのであろうか。老後というにはまだ早く、まだまだ働けると思っている人は多い。退職後のシニアライフを豊かなものにするための知識を得たい、学びたい、できればその知識を活かして、少しでも収入を得たい、また、これまでの自分の経験を若い人達に伝えたい、こんな希望を持つ人達が増えているのだ。

## 世代交流型シニアハウジング計画

さて、先のお年寄りが大学に持ち込んだアイディアと、カレッジリンク型シニア住宅の考え方をもとに、大学としてどのようなことができるのか、全体の枠組みを考えたのが図６－

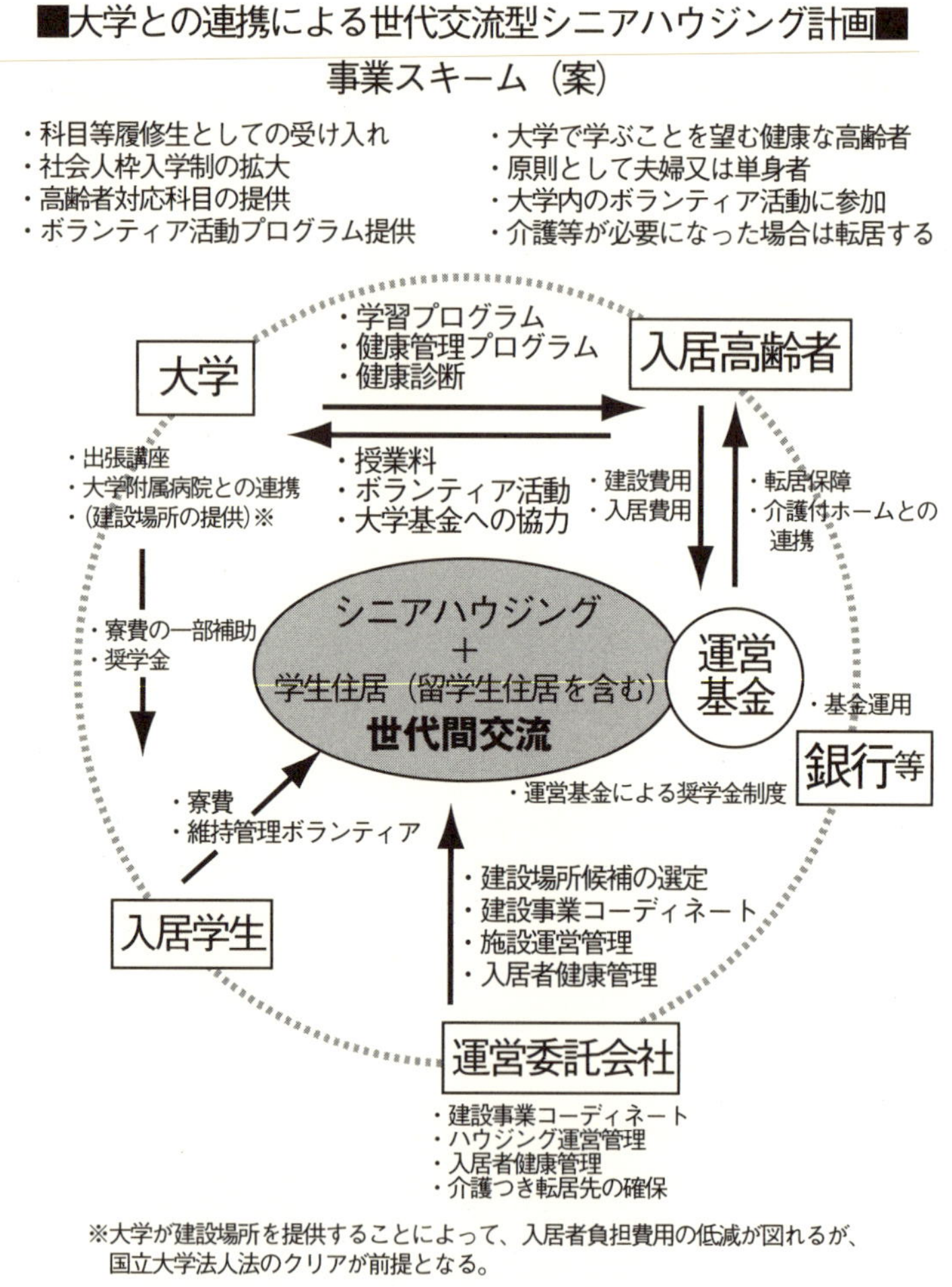


図６－１　大学と地域の連携による世代交流型シニアハウジング計画事業案
（千葉大学キャンパス整備企画室作成）

１である。この計画は、大学で学びたい健康な高齢者が定期借地権等を活用して大学敷地内にコーポラティブ形式のシニア住宅と学生寮の複合施設を建設し、入居者は科目等履修生または講師として大学の教育研究に関わっていくというものである。この施設は、高齢者だけが入居するのではなく、そこに若い学生達が入居することになる。世代間交流のあるこれまでにない高齢者居住施設の計画である。学生の寮費は施設運営の費用に充てられる。大学はシニア世代に対し、社会人対応科目のほか、地域や大学内のボランティア活動プログラムなどを提供する一方で、加齢学、介護・看護学等に関する教育研究の幅を拡げることが可能になる。

通常の高齢者施設と違って、ここでは若い学生が一緒に居住していることが大きな特徴である。一般的に社会人が若い人達に混じって学習する教育プログラムでは、経験のない若い学生が社会人に刺激を受けることで、学習効果が高まることが多い。また、社会人にとっても、若い人達に自身の経験や知識を語ることによって、新たな発見をする場合もある。これと同じ効果が、高齢者と一般学生が一緒に居住することで生まれる可能性は高い。寮費は施設運営基金からの奨学金とすれば、一般学生は通常よりも格段に安い費用で入寮する仕組みも考えられる。

この計画は国立大学法人のキャンパスという国有財産を利用していることから、介護施設となることはむずかしい。近隣の介護施設や大学附属病院等と連携しながら運営方法を考えていかなければならないだろう。残念ながらこの仕組みはまだ実現に至っていない。国立大学法人の敷地内に定期借地権でこのような施設を建設することができるのか、大学自体が建設主体になることはできないのか、現行制度の中で、一つひとつ解決しなければならない問題がいくつも存在している。しかし、高齢者の生活スタイルの新しい形として、ぜひとも実現したいと考えている。

## カレッジリンク・コミュニティーによる知縁社会の形成

シニア住学を実現するにはまだいくつものハードルがあるが、カレッジリンクという考え方は、高齢者の住宅に限るものではない。地域の高齢者比率はこれからどんどん増えていく。日本は世界の先頭を切って超高齢社会を迎えると言われている。その中で、高齢者に加えて他世代の知的好奇心をも満たし、若い学生や教員と世代を超えたコミュニケーションを生み出すことが可能になるカレッジリンクというコンセプトは、活力に溢れた地域社会をつくりあげていくための重要なキーワードとなるのではないだろうか。

3章で紹介した、レーンコミュニティカレッジのように、地域の課題に対応した領域横断型の教育プログラムを考えれば、これからの大学が目指す新たな方向が見えてくるはずである。これまでの生涯学習とも専門学校とも違う学びのニーズに応えることで、カレッジリンク型コミュニティーをつくりあげることができるのではないだろうか。

本書ですでに述べてきたとおり、私たちの周りには、地球温暖化、$CO_2$削減、エネルギー問題、少子・高齢化、年金問題、後期高齢者医療、シックハウス、食の安全性、食糧自給率低下、などなど、これまであまり関連づけて考えてこなかった多くの問題が、同時に立ち現れてきている。これらは、さまざまな要素が複雑に絡み合うために、従来の枠組み、例えば国、地域、企業だけで解決することはむずかしいのが現状である。加えて、これらの問題は、地域や、国、地球の問題に深く関わっている。

一方で、これまでのように効率や便利さだけを追い求める生活ではなく、自然環境を大切にしながら、日々の生活を健康にかつ積極的に過ごしたいという人達が着実に増えている。野菜づくりや園芸に興味のある人、健康づくりに興味のある人、エネルギー問題や地産地消に興味のある人が大勢いる。

これからの大学は、地域の人びとのＱＯＬに関わる学びのニーズを、持続可能な地域づくりや地球の問題というグローナカルな視点へと発展させていくことができる教育プログラムをもっと提供していくべきだと思う。大学には、持続可能な社会をつくりあげるための領域横断型の研究が新たに求められているわけだが、そのためにも、大学が市民や地域社会と相互連携ができる仕組みづくりにつながる教育プログラムが重要なのである。

医食住に関わるＱＯＬの問題と、地球・国・地域のグローナカルな問題に対する解決策を、市民、ＮＰＯ、行政、民間企業、大学が「学ぶ」という「知の結びつき（知縁）」を通じて、ともにつくりあげていくことができる地域社会。それが、カレッジリンク・コミュニティーである。

欧米の大学町は、街の人口の半分以上を学生や教職員が占めることことが多いため、大学が着実に発展していけば、町もそこで生活する人びとのＱＯＬも同時に発展するという図式が割と簡単に成り立ってきた。

日本では、町の人口の大部分を大学関係者が占めるという例は非常に少ない。一方で、大学を地域資源としてまちづくりの中心としようという自治体が増えているのも確かである。しかしこの場合、地域産業や企業などとの結びつきで語られることが多く、市民と良好な関係を築きあげている例はまれである。こういった中で、カレッジリンク・コミュニティーという、地域の生活に密着した新たな日本版大学町を各地に増やしていくことは、持続可能な地域社会を実現するうえで、大きな成果が期待できる。

千葉大学柏の葉キャンパスでは、柏市、地域のＮＰＯ、農業協同組合、地域開発民間企業と連携して、「千葉大学柏の葉カレッジリンク・プログラム（※３）」を計画している。この教育プログラムは、千葉大学の学生に加えて、これから新たな街ができあがっていくつくばエキスプレス沿線地域の人達を対象としたものである。

都心部から30分というロケーションにありながら豊かな緑地や農地に恵まれた柏の葉エリアの地域資源と、大学が培ってきた知的資源を活かし、「環境・健康・食」をテーマに、これからの持続可能なライフスタイルを公民学の連携でつくりあげる取り組みである。2009年1月には4月からの本格開講を目指して「環境・健康・食・農を通じて考える地域のサステイナブルデザイン」というパイロット講座がスタートした。

同じ地域に住みながら地縁コミュニティーが失われて久しいと言われている。しかし、カレッジリンクという知縁コミュニティーで結ばれることによって新たな地縁が復活するようになれば、地域サステイナビリティを実現するための大きな一歩をが踏み出せるのではないだろうか。

※1　クラブ・アンクラージュ御影　http://www.encourage.co.jp/
※2　村田裕之氏（村田アソシエイツ代表取締役）の著書『リタイアモラトリアム』による。カレッジリンクは村田アソシエイツの登録商標である
※3　千葉大学柏の葉カレッジリンク・プログラム　http://www.college-link-chiba-u.com/

## 2　地域市民学会をつくろう

### 地域課題解決のための共通プラットフォーム

地域には、その地域固有の歴史、伝統、資源があり、固有の特色がある。しかし、生活の質（QOL：Quality of life）という視点で身の回りを見渡すと、健康・福祉・環境・街・住まいなど、さまざまな分野に課題が横たわっている。

このような課題の解決に取り組み、地域の未来を考えるには、地域の課題を研究し交流する共通プラットフォームが必要である。

そこで、大学をはじめとする教育研究機関、地方自治体、公共団体、民間企業、NPOなどが協力し合いながら、市民による市民のための地域づくりができる場、すなわち「地域市民学会」をつくることを提案したい。

「学会」という名称にこだわるものではなく、「地域市民の会」でも「まちづくりの会」でもかまわない。ただ、1章で述べたように、大学も市民と一緒になって地域の課題を考える「シンクタンク」の役目を担いながら参加し、科学的な方法論をつねに忘れない姿勢を持つという意味で「学会」という言葉をあえて使っている。

これまで地域の課題は、公共機関である自治体行政が市民の声を聞きながら改善を図っていくのが普通であった。しかし、温暖化問題やエネルギー問題も含めて、市民のQOLの改善を図るには、行政の力だけではむずかしい。行政に加えて、市民、NPO、民間企業、大学などが主体的に関わり、自身の利益だけを追求するのではなく、地球、社会、人間に関わるサステイナビリティを考える新たな公共の概念が必要である。

前項で提案したカレッジリンク型コミュニティーづくりは、この学会設立にも大いに役立つ。いくつもの地縁社会を、知縁によって大きな輪にしていくことで、地域課題の本質が明らかになり、科学的な方法による解決策の発見にもつながっていく。

たしかに、これまでも市民NPOが次々と設立され、行政任せにせず市民自らが主体的に自分たちのQOLに関わる課題に取り組む事例はあった。また、大学教員が一個人として研究対象を地域に向け、地域再生の実践的方法を市民と一緒に見いだそうという活動事例も着実に増えている。さらに、大学生が自ら地域に活動の拠点を求め、地域に対する提案を積極的に行っている事例もある。

しかし、これらの活動は、個人の力に負うことが大きく、ともすればその個人がいなくなると活動が尻すぼみになってしまったり、組織自体が消滅してしまったりもする。そこで、活動を長期にわたって継続させると同時に、さらに発展させていく組織のサステイナビリティを考えていく必要がある。

個人や小規模組織の活動をネットワーク化し、地域全体のサステイナビリティを実現するという大きな目標を共有するプラットフォームを持つことで、個々の活動自体のサステイナビリティも高まると思われる。

一人ひとりができることは限られているかもしれないが、地域市民学会のような場を持つことができれば、大きな力、大きな動きになっていく。その結果、近い将来には、課題解決に取り組もうとする市民の姿が多くの地域に広がっているはずである。

## イギリスにおける市民と大学の知識交換プラットフォーム

イギリスでは、英国高等教育会議（HEFCE）、高等教育カウンシルなどがビーコンズ・フォー・パブリックエンゲージメント（Beacons for Public Engagement（写真）、市民連携の案内役）というパイロットプロジェクトを19億3200万円の予算で開始している。マンチェスター、ニューキャッスル、ノーリッチ、ロンドン、エディンバラ、ブリストルの6か所に拠点を設置。各地の大学が中心となって、市民の参加活動を促進する協働センターの役目を担っている。

これまで、大学は産学連携による知識移転・技術移転などを通じて社会貢献をしてきた。しかし、これは、大学と一企業あるいは一産業との連携という意味合いが強く、市民社会とは離れたところで行われている感が強かった。地域のサステイナビリティを実現し、それをグローバルに広げていくためには、大学と市民社会こそが課題に対して、さまざまな分野で連携・協働していく知識交換・知識共有が必要である。イギリスでは、地域と大学の共通プラットフォームをつくりあげることが、国レベルの重要施策として認識されている（※4）。

市民が地域づくりの主人公となって、知恵を出し合い、明日の子供たちに残すべき未来を構想していくことが求められている。健康で暮らしやすい地域社会をつくること、元気で創造的な地域文化をつくること、そして、それぞれの地域社会ではぐくんだ知恵を継承していくこと、これらを考えていく市民の組織が必要なのである。

ビーコンズ・フォー・パブリックエンゲージメントのパンフレット

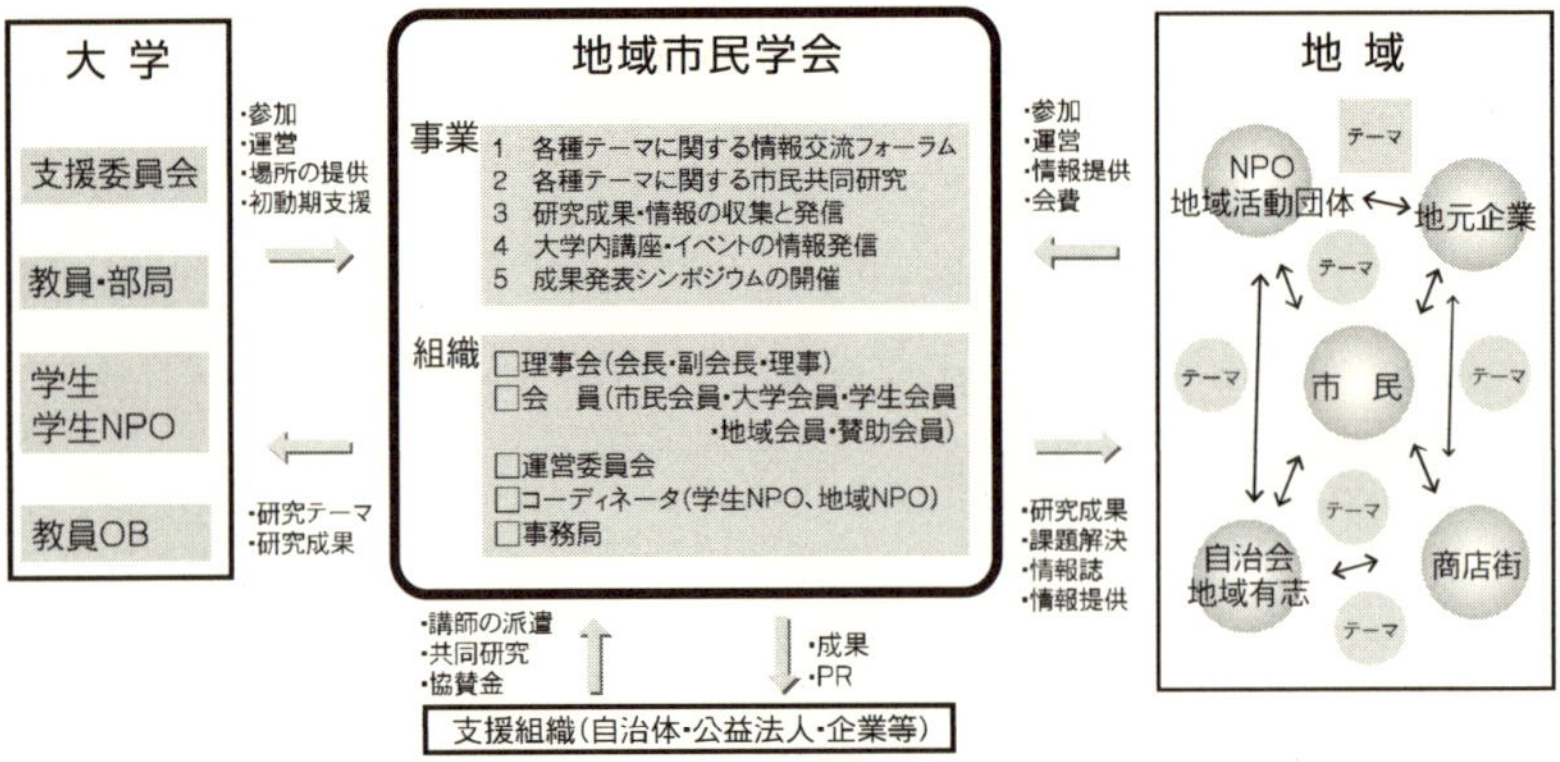


図６－２　地域市民学会の枠組み
（参考：ちば地域市民学会パンフレット）

### ちば地域市民学会

このような考えのもと、２００８年６月７日、「ちば地域市民学会」が発足した。この地域市民学会の目標は３つある。第一の目標は、地域を住みやすくするために、市民一人ひとりが地域づくりの主人公となって、主体的に研究し、地域の未来を創造する場とすることである。

第二の目標は、大学をはじめとする教育研究機関、地方自治体、公共団体、民間事業者、ＮＰＯなどが、市民による市民のための地域づくりに協力しサポートする場とすることである。

そして第三の目標は、地域を良くしたいと思う市民なら誰でも自由に参加できる開かれた学会とし、得られた情報や成果は誰もが共有できる場とすることである。

学会の事業は、テーマごとに地域の課題や悩み、成功例を集めてともに考えていく「情報文化フォーラム」、市民、教員、学生、教員OBが課題の解決に向けて立ちあげる「市民共同研究」、活動の研究成果や活動団体独自の成果を発表する「成果発表シンポジウム」などからなる。（図6－2）

現在、「地域で福祉」「子供と未来」「健康とスポーツ」「地域の中のアート」「地域と緑」の5つの分科会を立ちあげて活動を開始した。まだスタートしたばかりであり、今後さらに分科会を増やしていく必要もあるが、地域と大学が連携したエリアマネジメントのプラットフォームの先駆けとして成果を上げていきたいと考えている。

こういった場が全国で活性化し、ネットワークが広がれば、地域にとどまらず、より広域で成果が期待できるのではないかと思う。

地域市民学会をつくろう。

※4　山田直氏のブログ「英国大学事情」にもとづきウェブによる調査を行った。http://scienceportal.jp/reports/england/0808.html

## 3　環境健康都市をつくろう
## 21世紀型の明日の田園都市を目指して

カレッジリンク型コミュニティーをつくるのも、市民学会を設立するのも、最終目的は地域と地球の健康力を高めることにある。

2章の繰り返しになるが、サステイナビリティ学は、地球（自然）システム、社会システム、人間システムの関係の上に成り立っている。そして、地域サステイナビリティは、生活の質（QOL）を高めるための地域健康力が指標になる。

### 健康力の高い地域づくり

これからの地域社会は、健康な環境とともに、健康な身体、健康な心を持って生活することができる、地域健康力の大きい環境健康都市となることが求められていると考える。

環境健康都市の実現には、市民、NPO、自治体、民間企業の連携はもちろん、その連携にすべての大学が率先して関わることが重要である。また、大学は地域に頼られる存在に変わっていかなくてはならない。

すでに述べたように、日本の国民医療費が大幅に増加しており、このうち高齢者の医療費はおよそ全体の3分の1を占める。なかでも75歳以上の「後期高齢者」層の一人あたりの医療費は、現役世代の約5倍にもなっていることはすでに述べた。多くの人びとの関心が環境問題よりも自身の健康問題に向いてしまうのは無理のないことでもあるが、今必要なのは、自然・社会・人間の健康をトータルに考えていくことである。できるだけ医療の世話にならない健康な生活を送るために、自分の身体だけではなく、周りの環境のことを考えていくことが不可欠なのである。

食の安全や、空気汚染などを考えるまでもなく、良い環境なくして健康な生活はおくれない。環境は自分だけのものではなく、地域の共有財産であることを認識することから始めよう。そのためには、自身の生活の見直しが重要だし、ある時は、積極的に地域社会の活動に参加していくことも必要である。そうしたことが心の健康向上にもつながっていくと思う。

「農的生活」を取り戻す

かつて、日本でも、農業、漁業、林業といった自然環境に密着した第1次産業がごく身近なものとして存在した。自宅の庭で野菜をつくったり、鶏を飼ったりすることも日常的風景であり、食料を生産する場と消費する生活の場が非常に近い位置にあった。自然の恵みによって食料を得るということを、日常的に体感しながら生活していた人が多かったと言えよう。「農的生活」がごく身近に存在していたのである。

しかし、現在の日本では効率性や利便性を追求した結果、食料を生産する現場と消費する生活の場がどんどん離れていき、両者の関係性が見えなくなってきている。農業体験を一度もしたことがない都市生活者が増え、食料はスーパーマーケットで購入するものとなっている。当然、食料を生産するうえで、自然との関係がいかに重要かはあまり認識されなくなってしまった。加えて、食品の生産・加工・調理には大量の化学薬品が使われ、工業的に生産されており、このような中で、自然環境を大切にする気持ちはどんどん薄れていってしまったように思う。

地方都市では、無秩序なスクロールや、自動車に依存した郊外型大規模店舗の増加によって、農地がどんどん減少している。この背景には、農業をやっても苦労ばかりで儲からない現状がある。したがって後継者が不足し、ますます高齢化が進むといった悪循環がある。だが、私たちの日常と農業との関わりが失われてしまったことにも大きな原因があるように思う。地方都市の活力減退や中心市街地の空洞化も、これに遠因があるとするのは言い過ぎであろうか。

そこで私は、地方都市を再生し、健康な地域を実現するためには、「農的生活」を取り戻すことを提案したい。

LOHAS（Lifestyles Of Health And Sustainability）という言葉が、よく使われるようになったことからもわかるように、環境の持続可能性や健康に対する関心が高く、積極的にそれを意識した生活スタイルをとろうとする人達が増えている。最初はこのLOHAS層をターゲットとして、地域の中に「農的生活」が実践できる、あるいは、感じることができる仕組みをつくりあげることから始めたらよいのではないか。

東京世田谷区では私鉄である小田急線の地下化に伴い、その上につくられた市民農園が人気を博している(※5)。生活の身近なところにつねに自然との関わりを感じさせる場を増やしながら、新たな都市や地域の居住環境づくりを行っていくことが必要なのである。

## ドイツで感じた農と都市の共存

2008年11月にドイツのベルリン工科大学、シュツットガルト大学、ミュンヘン工科大学を訪問し各大学のキャンパス計画や、都市との連携計画についてのヒアリング調査を行った。ここではその調査成果について述べるのではなく、ドイツの町で感じた都市と農の関係にふれてみたい。

ベルリン中心部からさほど遠くない市街地に偶然クラインガルテンを見つけた。クラインガルテンというのは、19世紀なかばにドイツで発祥した市民農園システムのことである。200〜300㎡程度の区画を借りて野菜や果樹など育てたり、庭づくりを楽しんだりできる。小さな小屋を建てることはできるが、そこに居住することはできないことになっている。

日本でもこれを手本として、いくつかのクラインガルテンができている。しかしいずれも

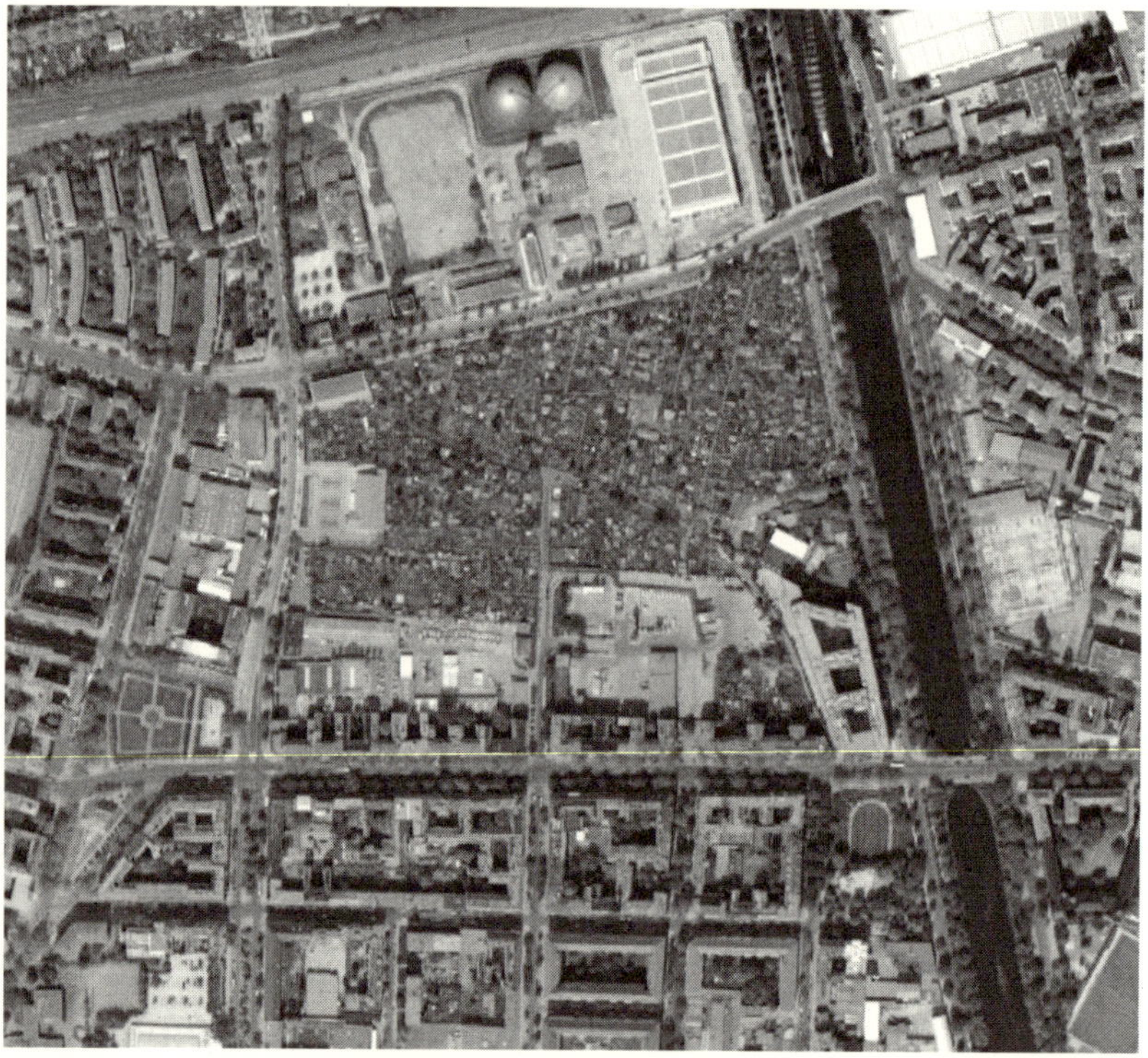

集合住宅や工場に囲まれてクラインガルテンがあることがわかる

人口の密集した都市にあるわけではなく、郊外に立地している。車や公共交通機関を使わないと行くことはできない。

しかし、ベルリンでたまたま見つけたクラインガルテンは、ベルリンの中心繁華街にあるクーダム駅から地下鉄で5つ目の駅のすぐそばに広がっていた。周りには多くの集合住宅や工場などがある。近所の集合住宅に住む人達は、クラインガルテンを徒歩圏にある自分の庭として日常的に楽しみながら使っていた。

自宅に庭を持たない都市生活者が、庭や畑づくりという楽しみを通じて、日常的に農的生活を実践しているのである。

我が国の都心部にも、都市計画区域内の生産緑地を自治体が借りあげ、1区画3坪から5坪程度を地域住民に貸し出している市民農園が存在する。しかし、ベルリンのそれは圧倒的にスケールが違う。環境大国ドイツといわれる理由の一つを垣間見た気がした。

かつて「都市の生産緑地はすべて住宅にすべきである」という議論がもてはやされた日本と違い、1世紀半も前から法整備も含めた都市と農地の仕組みをつくりあげてきた国から学ぶべきことは多い。

地価の問題などもあり、同じ仕組みを日本で適用することはむずかしいかもしれないが、農的生活を都市に取り込むなんらかの方法を真剣に考え始める必要があると思う。農と都市の共存は、サスティナブルな地域社会を実現するために欠かせないテーマなのである。

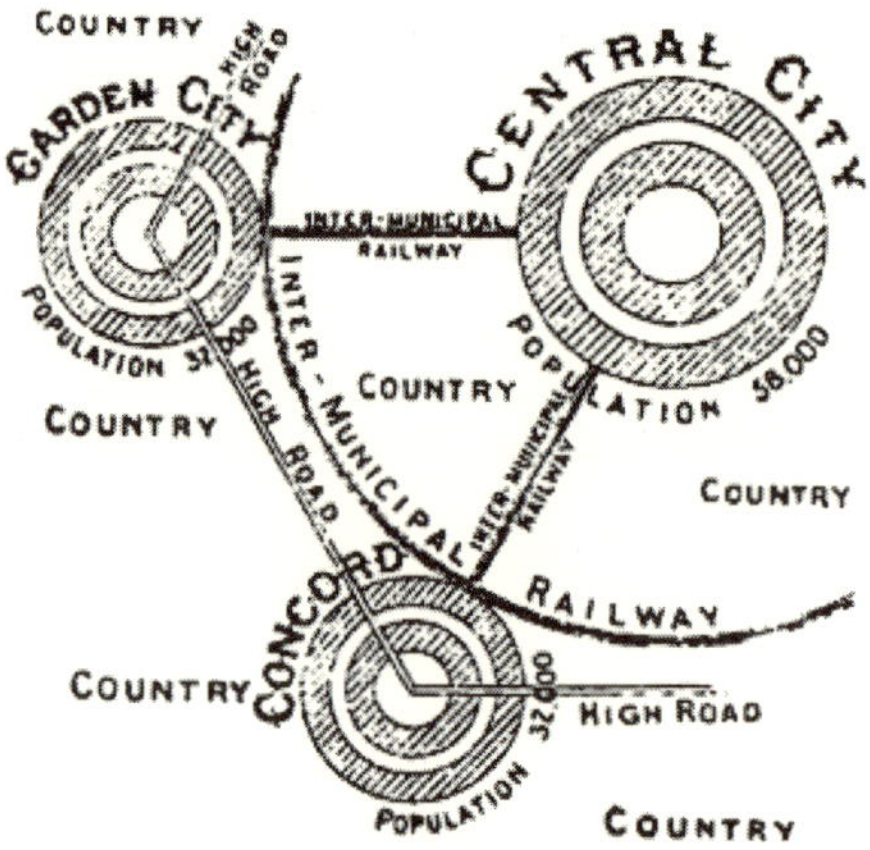


図６－３　ハワードの田園都市構想模式図
（『明日の田園都市』E. ハワード　鹿島出版会　より転載）

## ハワードの「明日の田園都市」

今から約１００年前の１９０２年、イギリスの都市計画家エベネザ・ハワードは『明日の田園都市』という書物を著した。この中でハワードは、産業革命によって巨大化し環境が悪化したロンドン郊外に、自立可能な「田園都市」を複数計画し、ロンドンの住民を移動させる計画を提案している。さらに、その結果として人口が減少したロンドンの環境を回復する都市改造案も同時に提示している。（図６－３）

ロンドン都心から北へ約60㎞のところにレッチワースという町がある。ハワードの「田園都市」は都市的部分と田園部分（農地部分）の融合を目指したものであり、レッチワースは20世紀の世界各国で新しい都市づくりの手本とされてきた。この

レッチワースの地図と町並

町は今も美しい自然の中にあり、町並や景観は１００年前と基本的に変わっていない（写真）。一方、レッチワースを手本とした各国の田園都市は、当初こそ美しさを保っていたが、今も同じような景観を保っているところは少ない。相続による土地の切り売りや、企業による土地買収、無秩序な開発が、町の景観を壊す大きな原因になってしまったのである。しかし、レッチワースでは１００年経過してもこういった問題は起こっていない。それは、町の土地すべてを地域住民が設立した組合の所有とし、住民は組合に地代を払って、維持管理や組合運営の費用をまかなっているからである。

　高級住宅地として有名な東京・田園調布も、ハワードの田園都市に影響されて実現した都市計画である。しかし、レッチワースと違って個人の土地所有を前提としていたため、相続による土地の切り売りによって、いまでは開発当初の景観が失われつつある。昔は、美しい景観を保っていた場所が、ミニ開発によって様変わりしてしまう光景が日本中で見られるようになってしまった。これは、景気の変動によって大きく土地価格が上下する仕組みや、土地の個人所有が前提となっていることが原因の一つである。世代が変わっても景観を保つことができる土地所有の仕組みを真剣に考える必要がある。組合方式や定期借地権による土地所有は一つの方法であろう。

## 21世紀の「環境健康都市」

日本は農業従事者の高齢化と後継者不足といった問題を抱える一方で、39%までに下がった食糧自給率を上げなければ食料価格の高騰や食糧不足に対処できなくなるという問題がある。国による生産調整を余儀なくされ遊休農地や耕作放棄地が増えているにもかかわらず、専業農家ではない市民がそれを日常的に利用することは制度の壁ではばまれている。農地法の規定では、一般市民が農地を自分のものとするためには5000㎡以上を一括して取得するか、借りるかしなければならない。さらに、自治体の農業委員会から農業者として承認されることが不可欠となっている。例外は、市民農園を利用することであるが、この場合、営利目的は認められず、1000㎡以内で5年以内しか借りることはできない。

地方都市の現況を改善し、環境・身体・心の健康を取り戻すためにもこの制度を変えることを視野に入れて、農業と共生する環境健康都市を構想することが求められていると思う。「農的生活」が実践できる場の実現である。農地と近接して生活していくためには、農薬利用や生産量の問題など解決すべき問題はあるが、それこそがサステイナビリティ学の対象になりうる研究テーマであろう。このように、大学の研究者がテーマにする課題は地域にたくさん埋もれている。そのことに多くの研究者が気づき、行動を起こすことで、環境健康都市を実現するための第一歩が始まるのである。

都市にばかり目を向けるのではなく、まだ自然が残っている地方郊外都市の環境づくりも真剣に考えていく必要がある。5章の最後でもふれた、「農地とすまいが近接した環境健康都市」は、100年前にハワードが「明日の田園都市」を構想したように、21世紀が生み出す「明日の田園都市」になるのではないかと考えている。

少子化や高齢化、拡大型社会から縮小型社会へ、農地と都市の共生、健康の維持、これから世界の国々が直面する課題に、日本は先頭を切って突き当たっている。先進諸国は、まもなく日本と同じ状況になることが予想されるし、開発途上国でも、これまで日本が歩んできたように環境より効率重視の開発に突き進めば、いずれは問題を抱え込むのは目に見えている。日本が直面する課題を自らの手で解決し、ほかの国々が同じことで苦しみ始める前に解決手法を提供していくことは、フロントランナーの役目でもある。

2008年福田内閣（当時）は、留学生30万人計画を発表したが、そのためには、受け入れ側の大学が、海外の人達が学びに来たくなるような先進的なテーマを設定し、着実に成果を上げていかなくてはならない。そのテーマがまさに本書で述べてきたことだと思っている。

自然・社会・人間を同時に扱うサステイナビリティ学にもとづいた、環境健康都市、すなわち、21世紀型田園都市を実現することで、アジアや世界の国々がこれから直面する課題の解決策を発信することが可能になる。地域と大学は連携しながら、そのための教育研究と実践を行っていかなくてはならない。

※5　アグリス成城：http://www.agris-seijo.jp/

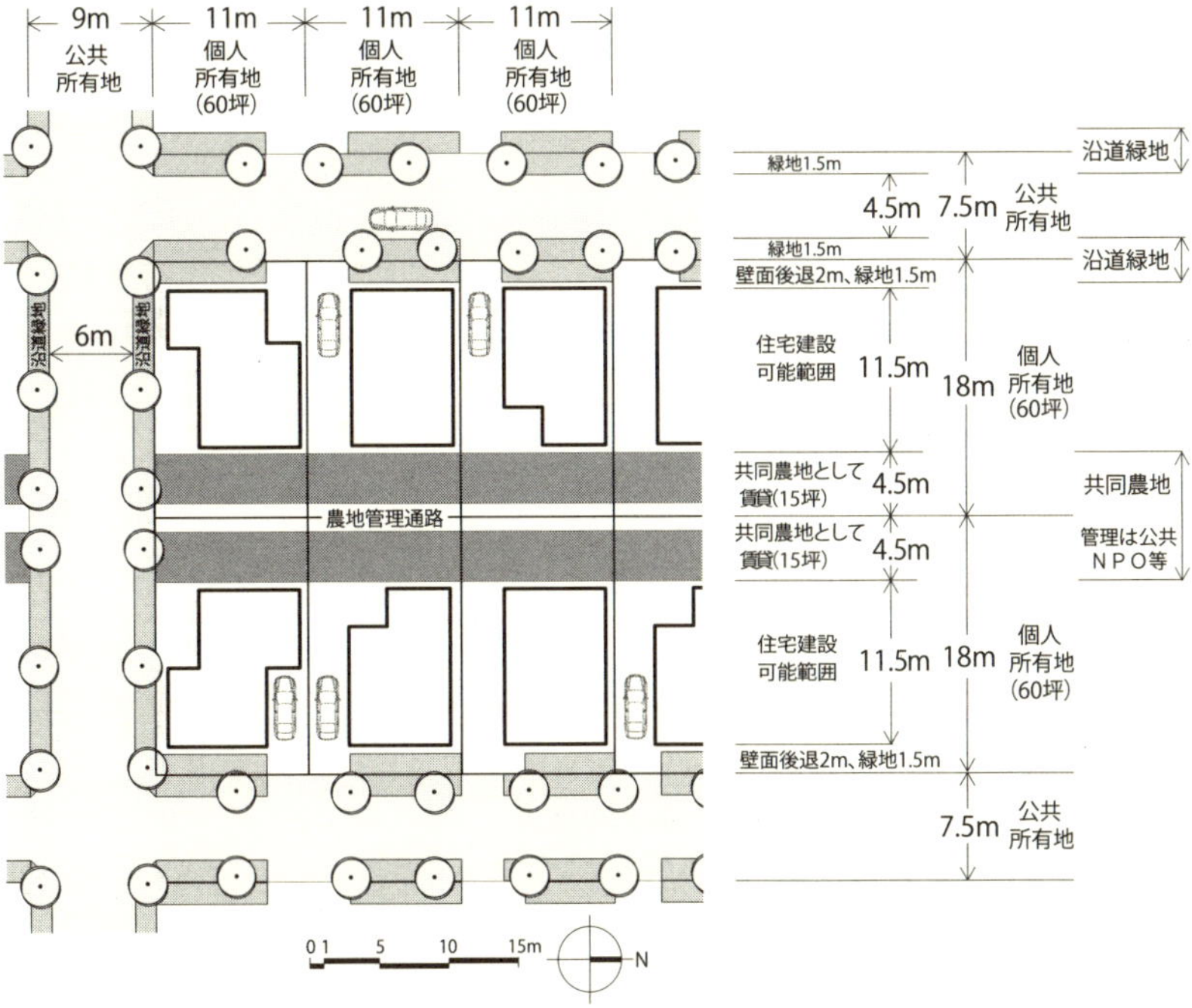


## 図６－４　農的生活を実現する緑園住宅地の提案

・郊外住宅地に比較的多い１区画平均 60 坪、建ぺい率 50%、容積率 80%の住宅地を想定
・道路状公共用地の幅員を拡げることで沿道の緑化を公共が担う
・地域計画で居住者に沿道緑化を義務づけ、公共分と合わせ幅員３mの沿道緑地を確保
・定期借地権等を使って、公共または農業法人が土地所有者から土地の一部を農地として賃借する
・街区内で連続した農地を確保する
・居住者が農地を使うことが可能

# 少し長いあとがき

## 本書ではあまりふれなかった建築設計活動のこと

建築設計事務所の直接運営から退き、活動の軸足を大学に移したが、設計活動は私の生活から切り離すことができない。今でも大学が終わった後に事務所に行き、共同主宰者の藤井正紀やスタッフと進行中のプロジェクトについて議論をする。大学でキャンパス整備企画や施設マネジメントを行っていくには、実務から乖離しない的確な情報を持っていることが重要である。また、大学の建築設計教育を行うにも大切になる。

大学に所属する直前まで、高エネルギー加速器研究機構の研究棟（写真上）の設計に没頭していた。研究棟という堅い施設ではあるが、その中で活動する人達のコミュニケーションを誘発する空間をどれだけ用意できるか、その中で新たな環境共生の試みがどれだけできるかに苦心した。幸いにもグッドデザイン賞や環境設備デザイン賞をいただくことができ、研究所の方々とともに喜びを分かち合うことができた。

その成果が文部科学省の中で認められたこともあり、ほかのいくつかの大学施設の設計にも関わることができた。２００８年3月に竣工した九州工業大学の先端教育コラボレーションプラザ（**写真下**）では、「過去から未来へつながるキャンパスの再生」を設計テーマとして、古い建物の再生改修を通じて、大学の歴史を継承し未来につなげていくキャンパス計画のあり方に頭を悩ませた。

設計活動においても、本書でふれたサステイナブル学の考え方はつねに頭の中にあり、グローナカルな視点で建築を考えることをつねに心がけている。活動する人達の気持ちが豊かになり元気になるような心の健康を豊かにする建築、地域の景観形成や環境共生に少しでも役に立つ建築、エネルギー消費を抑えながらも快適な物理的環境を保つことができ

高エネルギー加速器研究機構の研究棟

九州工業大学の先端教育コラボレーションプラザ

る建築、そのような建築の実現にこれからも関わっていきたいと思っている。持続可能な社会をつくりあげるために、一つの建築ができることは小さいかもしれないが、小さなことから手をつけていかなければなにも始まらない。本書をまとめながら、そのことを改めて実感している。

## 本書をまとめることができた3つの出会い

今思えば、私が建築設計という専門の立場を離れて、本書をまとめることができたのは、3組の人びととの出会いによるものであった。

第一は、さまざまな大学で実際にキャンパス計画に携わっている日本建築学会キャンパス計画小委員会のメンバー（注1）との出会い。第二は、千葉大学前学長の古在豊樹先生との出会い。そして第三は、本書を執筆するお膳立てを整えてくれた清水弘文堂書房前社主の故・礒貝浩氏との出会いである。

### 日本建築学会キャンパス計画小委員会メンバー

大学のキャンパス計画と地域の関係を再構築すれば、大学も地域もともに良い方向に変わることができるのではないか。そのことに気づくことができたのは、日本建築学界キャンパス計画小委員会（以下、キャンパス計画小委員会）メンバーとともに活動できたおかげである。

キャンパス計画小委員会は、1998年に発足した「キャンパス計画関係者の懇談会」が母体となっている。大学の研究者、文教施設および大学施設部課職員、都市行政関係者、コンサルタント技術者達が、大学キャンパスという共通の活動フィールドで起こるさまざまな課題の情報を共有し、その解決にあたっていこうとするものであった。

キャンパス計画小委員会は「大学キャンパスは小さな都市である」という視点から、日本建築学会都市計画委員会を上部研究委員会としている。所属メンバーは都市計画の専門家だけではなく、建築計画、農村計画、建築設計、建築経済などさまざまな分野から集まっている。そして、次の3点を目的としている。

(1) 高度情報化など、社会の変化を背景としたキャンパス計画の都市計画上の位置づけおよびその戦略と変遷を明らかにする。

(2) 国内外のキャンパス計画担当者、大学経営者と情報交流を行い、次世代における大学キャンパス像の創造と整備体系の提案を行う。

(3) 都市と大学（キャンパス）の連携によって、戦略的な都市再創出の目標・手法・制度および新たな担い手の育成方策を検討する。

本書の第3章と第4章は、このキャンパス計画小委員会が中心となって行った海外大学の調査や、大学と地域が連携したさまざまな国内事例の調査なしには、書きあげることはできなかった。本書で取りあげた事例以外にも詳しく知りたい方は、キャンパス計画小委員会メンバーが中心となって上梓した『キャンパスマネジメント・ハンドブック』、『地域と大学の共創まちづくり』（巻末参考文献参照）を参考にしていただければ幸いである。

ここに記載されてある調査や研究成果がなければ、本書はけっして生まれることはなかったと思う。

## 千葉大学前学長・古在豊樹先生

私に、建築計画や都市計画の分野からだけではなく、ほかのさまざまな分野の視点を加えた領域横断的な視点から思考することの大切さを教えてくれたのは古在豊樹先生である。

古在先生との出会いは、千葉大学柏の葉キャンパスのマスタープランづくりがきっかけである。先生は、当時新しい組織としてスタートしたばかりの環境健康フィールド科学センター（以下、センター）の初代センター長として、新たな研究組織づくりとその研究基盤となる都市園芸フィールドを具体的にどのようにしていくかに腐心されていた。

千葉大学柏の葉キャンパスのマスタープランは、古在先生をはじめとするセンター教職員と、私を含めた千葉大学内の建築や都市の専門家が共同作業でつくりあげたものである。本文中でもふれたが、センターでは環境と健康をテーマとするさまざまな研究が領域横断的に行われている。ここでの研究成果を組みこみながら、周辺地域との関係の中で大学キャンパスの計画をつくりあげていこうとするこれまでにない方法をとることができたのは、先生の強力なリーダーシップがあったおかげである。

２００５年千葉大学学長に就任されてからは、学生との対話、モード２の科学推進、地域連携などを重視し、全キャンパスでの環境ＩＳＯ認証取得やサステイナビリティ学連携研究機構への参加、カーボンオフセット型のキャンパスづくりなどを積極的に推進された。本文中で紹介した、柏の葉国際キャンパスタウン構想やケミレスタウンプロジェクトなども先生のバックアップがなければ実現はむずかしかったと思う。

先生の専門は、生物環境工学であり、閉鎖型植物生産システム研究の第一人者である。先生の「人間には自然と共生するための遺伝子が組みこまれている」という「農的生活が失われたことへの警鐘」は、長く植物とともに過ごされてきた研究生活に裏づけされたお言葉であり、多くの人に耳を傾けてもらいたいと思う。

「大学と地域は連携することで持続可能な地域社会のフレームワークをつくることができる」ことを基本姿勢として本書を執筆する決断ができたのも、先生からいただいたさまざまな示唆によるところが大きい。

## 清水弘文堂書房前社主・礒貝浩氏

研究室の中で考えるのではなく現場に身を置き、そこでの問題を肌身で感じながら考えること。その大切さを、身をもって私に示してくれたのが礒貝浩氏である。

礒貝さんは、ノンフィクション作家・冒険家・写真家・アートディレクター・編集者という、さまざまな顔を持ちながら、つねにサステイナビリティの実践者であったと思う。

今でこそ環境や食の問題がさまざまなところで取りあげられるようになっているが、礒貝さんは1986年から信州・黒姫に自然の中の創作活動拠点「富夢想野（とむそうや）舎」を立ちあげ、農村塾を主宰していた。1995年にそこを火事で失ってしまうまで、仲間や塾生との共同生活を通じて持続可能で循環型の生活はどうあるべきか思考を重ねながら実践していた。残念ながら私が礒貝さんの知己を得たのはそれ以後のことだったため、多くを語ることはできない。しかし、富夢想野舎がなくなってからも、礒貝さんは世界中、日本中を飛び回り精力的な活動を続けていた。北極圏の人びとの生活、各国の先住民と呼ばれている人達との交流などについて、絶妙なユーモアに辛口の社会批評を交えて、話してくださった。1960年代から80か所以上の国を訪れ、さまざまなフィールドワークの経験を通じて、高度成長を達成した日本の状態や環境のあり方に対してつねに疑問を投げかけていた礒貝さんが、環境問題を基本テーマとする「アサヒ・エコ・ブックス」の編集責任者になられたのは私にとっては至極自然なことに思われた。

私が大学での活動を通じて、フィールドワークやその実践の場所をようやく見つけ出したころ、礒貝さんから『アサヒ・エコ・ブックス』から建築家の視点で環境問題に関わる本を出してみないか」と勧められた。「アサヒ・エコ・ブックス」には、すでに環境問題に深い見識のあるさまざまな人が執筆していた。専門家でもない私にそれができるのか尻込みしてしまったこともあり、はっきりとしたテーマが定まらないまま返事を先延ばしにしてしまっていた。環境、健康、建築、大学、地域などの問題を持続可能性という切り口でまとめていきたいことを、議員さんにやっとお話しできたのは2006年6月のことだった。しかし、それからもなかなか筆は進まなかった。

議員さん急逝の報を受け取ったのは2007年8月5日のことである。亡くなられる1週間前にお誘いいただいた清水弘文堂書房の出版パーティーに出席できなかったことが今でも悔やまれる。最後にお会いしたときの、パイプを加え、ビールグラスを片手にした和服姿の議員さんの姿が今も想い出される。

本書の副題は「カキネを越えたサステイナビリティの実践」としているが、サステイナビリティの実践者であった議員さんに啓発されたことはとても大きい。

## おわりに

議員さんが亡くなられてから1年半以上たって、今やっと本書を書きあげることができた。これはひとえに清水弘文堂書房の皆さんの叱咤激励とアドバイスのおかげである。彼らが根気強くサポートしてくれなかったら本書は日の目を見ることはなかった。

礒貝さんは生前、かつての黒姫・富夢想野舎の後を引き継ぐ、「奥会津・富夢想野舎」を福島県下郷町で立ちあげていた。町から借り受けた使われなくなった小学校分校がその拠点である。私は、その木造平屋建て校舎を保全しながら創作や地域活性の拠点とするためにはどのようにしていけばよいか、建築家として、また大学人として良いアイディアを考えることで、礒貝さんに恩返しがしたいと思っている。

最後に、礒貝さんのフィールドワーク・パートナーである、あん・まくどなるどさん、発行元であるアサヒビール株式会社の皆さんには辛抱強く脱稿を待っていただいたことにあらためて御礼を申しあげる。

2009年2月15日　上野　武

※1　小林英嗣（北海道大学）、倉田直道（工学院大学）、有賀隆（早稲田大学）、小篠隆生（北海道大学）、尾崎健夫（早稲田大学）、岸本達也（慶應義塾大学）、斎尾直子（筑波大学）、坂井猛（九州大学）、杉山丞（東北大学）、鈴木雅之（千葉大学）、小松尚（名古屋大学）、塚本俊明（広島大学）、鶴崎直樹（九州大学）、三島伸雄（佐賀大学）

# 参考文献

不都合な真実：アル・ゴア（枝廣淳子訳）、ランダムハウス講談社、2007年1月
ガイア地球は生きている：ジェームズ・ラブロック（松井孝典監修、竹田悦子訳）、産調出版、2003年8月
ガイアの復讐：ジェームズ・ラブロック（秋本勇巳監修、竹村健一訳）、中央公論新社、2006年10月
沈黙の春：レイチェル・カーソン（青樹簗一訳）、新潮社、1974年2月
フラット化する世界：トーマス・フリードマン（伏見威蕃訳）、日本経済新聞社、2006年5月
プランB：レスター・ブラウン（北城格太郎訳）、ワールドウォッチジャパン、2003年12月
モード2の領域横断型研究による社会貢献を千葉大学で：古在豊樹、千葉大学、2006年6月
生活（医食住）の質の向上によるサステナブル地域社会の形成：古在豊樹、千葉大学、2007年9月
サステナ第8号「食と健康の地域サステイナビリティ学」：サステイナビリティ学連携研究機構、2008年7月
「課題先進国」日本：小宮山宏、中央公論社、2007年9月
ボーダーレス・ユニバーシティー：上野武、建設ジャーナル、2002年1月
地域と大学の共創まちづくり：小林英嗣＋地域・大学連携まちづくり研究会編著、学芸出版社、2008年11月
キャンパスマネジメントハンドブック：日本建築学会編著、丸善、2004年9月
都市環境再生を目標にした大学と地域の持続的連携計画・マネジメントに関する研究：小林英嗣、倉田直道、上野武、小篠隆生、坂井猛、有賀隆、三島伸雄、小松尚、岸本達也、斎尾直子、鈴木雅之、鶴崎直樹、平成16－17年度科学研究費補助金基盤研究（B）研究成果報告書、2006年
都市再生の一手法：大学を核とした地域環境マネジメント試論：上野武、2006年日本建築学会大会都市計画部門パネルディスカッション資料、2006年9月

大学と地域が連携したまちづくりワークショップに見る連携の方向性：上野武、2006年日本建築学会大会都市計画部門パネルディスカッション資料、2006年9月
千葉大学方式2002-2007「学生主体の環境マネジメントシステム」その構築と運用：千葉大学環境ISO事務局編。2008年3月
千葉大学環境報告書2007：千葉大学環境ISO事務局、千葉大学、2007年5月
千葉大学環境報告書2008：千葉大学環境ISO事務局、千葉大学、2008年5月
大学の地域戦略とキャンパス環境マネジメント：上野武、2003年日本建築学会大会都市計画委員会研究懇談会資料、2003年9月
へその緒が語る体内汚染～未来世代を守るために：森千里、戸高恵美子、技術評論社、2008年3月
「幸せの種」はきっと見つかる：古在豊樹、祥伝社、2008年7月
千葉大学環境健康フィールド科学センターの理念と実践：古在豊樹、千葉大学、2005年12月
本来農業への道：持続可能な社会に向けた農業の役割に関する報告および提言書、持続可能な農業に関する調査プロジェクト編著、2007年12月
環境健康都市宣言：栗生明、鹿島出版会、2007年12月
リタイアモラトリアム：村田裕之、日本経済新聞出版社、2007年8月
変動する社会と暮らし：藤原康晴、中谷延二、宮下充正、放送大学教育振興会、2007年4月
アメリカ中小都市のまちづくり：服部圭郎、学芸出版社、2007年12月
環境先進国ドイツの今：松田雅央、学芸出版社、2004年12月
ドイツの地方都市はなぜ元気なのか：高松平蔵、学芸出版社、2008年5月
明日の田園都市：E.ハワード（長素連訳）、鹿島出版会、1968年7月

「明日の田園都市」への誘い：東秀紀・風見正三・橘裕子・村上暁信、彰国社、２００１年10月
田園都市を解く：菊池威：技報堂出版、２００４年３月
都市・農村の新しい土地利用戦略：日本都市計画家協会編著、学芸出版社、２００３年５月
農のライフスタイル・緑住農一体型住宅地環境形成：済藤哲仁・酒井泉、都市計画２７４、ｐ．49－52、日本都市計画学会、２００８年８月
千葉大学方式２００２－２００７「学生主体の環境マネジメントシステム」その構築と運用：千葉大学環境ＩＳＯ事務局編、（２００８年）
環境マネジメント大学モデルによるキャンパス空間と地域の連携に関する考察―千葉大学での取り組みを通じて―：上野武、鈴木雅之、服部岑生、坂井猛、鶴崎直樹、小篠隆生、日本建築学会大会学術講演梗概集（査読つき梗概）、ｐ．93－96（２００４年）
環境先進国ドイツの今：松田雅央、学芸出版社、２００４年12月
ドイツの地方都市はなぜ元気なのか：高松平蔵、学芸出版社、２００８年５月

## 参考ホームページ

洞爺湖サミット：http://g8-summit.town.toyako.hokkaido.jp/
G8 大学サミット：http://www.hokudai.ac.jp/bureau/topics/g8/
農林水産省食糧自給率：http://www.maff.go.jp/j/zyukyu/zikyu_ritu/012.html

サステイナビリティ学連携研究機構（IR3S）：http://www.ir3s.u-tokyo.ac.jp/

千葉大学地域サステイナビリティ学アソシエーション：http://www.chiba-u.jp/sustainability/

UC デイビス：http://www.ucdavis.edu/index.html

デイビス市：http://cityofdavis.org/

ケンブリッジ大学：http://www.cam.ac.uk/

ケンブリッジ市：http://www.cambridge.gov.uk/ccm/portal/

ペンシルバニア大学：http://www.upenn.edu/

フィラデルフィア市：http://www.phila.gov/

レーンコミュニティカレッジ：http://www.lanecc.edu/

千葉大学：http://www.chiba-u.ac.jp/

千葉大学環境健康フィールド科学センター：http://www.h.chiba-u.jp/center/

グラフと統計でみる農林水産業：http://www.tdb.maff.go.jp/machimura/index.html

日本建築学会：http://www.aij.or.jp/aijhomej.htm

日本建築学会キャンパス計画小委員会：http://news-sv.aij.or.jp/toshi/s1/

千葉大学環境 ISO 事務局：http://kankyo-iso.chiba-u.jp/

千葉大学環境 ISO 学生委員会：http://env.chiba-univ.net/

ケミレスタウンプロジェクト：http://chemiless.hp.infoseek.co.jp/

千葉大学予防医学センター：http://cpms.chiba-u.jp/

## 参考文献


柏の葉アーバンデザインセンター：http://www.udck.jp/

柏の葉キャンパスタウン構想：http://www.city.kashiwa.lg.jp/notice/kashiwanoha_campus/02.pdf

関西大学文学部：http://www.kansai-u.ac.jp/Fc_let/topics/college-link/college-link.htm

村田アソシエイツ：http://muratainc.com/

クラブ・アンクラージュ御影：http://www.encourage.co.jp/

千葉大学柏の葉カレッジリンク・プログラム：http://www.college-link-chiba-u.com/

ちば地域市民学会：http://caoca.org/index.html

英国大学事情：http://scienceportal.jp/reports/england/0808.html

レッチワース：http://www.letchworthgc.com/

アグリス成城：http://www.agris-seijo.jp/

# 図表出典一覧

図2－2　図2－3
IR3Sホームページをもとに作成　http://www.ir3s.u-tokyo.ac.jp/outline/howto_sus.html

図3－1
West Cambridge Master Plan 2003
http://www-building.arct.cam.ac.uk/westc/masterplan2003review/index.html

図3－2
North West Cambridge Master Plan
http://www-building.arct.cam.ac.uk/northwestc/Masterplan_Sep05.pdf

図3－3
UC DAVIS NEIGHBORHOOD MASTER PLAN 2003-2015
http://www.ormp.ucdavis.edu/environreview/lrdp.html#2003LRDP

図3－4
UC DAVIS NEIGHBORHOOD MASTER PLAN 2003-2015
http://www.ormp.ucdavis.edu/environreview/lrdp.html#2003LRDP

図3－5
Penn Connects: A New Master Plan
http://www.upenn.edu/almanac/volumes/v53/n09/masterplan.html

図4－1
内閣官房都市再生本部ＨＰより転載
http://www.kantei.go.jp/jp/singi/tosisaisei/siryou/daigaku/daigaku.html

図4－2
内閣官房都市再生本部ＨＰより転載
http://www.toshisaisei.go.jp/03project/dai10/network.html

図5－1
千葉大学環境報告書をもとに筆者作成

図5－2
千葉大学施設環境部提供

図5－4　図5－5　図5－6　図5－7
千葉大学キャンパス整備企画室作成

図5－8
柏市ＨＰより転載　http://www.city.kashiwa.lg.jp/cityhall/sosiki/B_TOKE/TOKE_TOK/kasiwa_matidukuri/sonota/hokubu.01.htm

表5－1
財団法人日本適合性認定協会データベースをもとに筆者作成
http://www.jab.or.jp/certified/index.html

表5－2
千葉大学環境報告書をもとに筆者作成

表5－3
千葉大学環境健康フィールド科学センター資料をもとに筆者作成

表5－4
柏の葉キャンパスタウン構想概要版をもとに筆者作成
http://www.city.kashiwa.lg.jp/notice/kashiwanoha_campus/top.htm

図6－1
千葉大学キャンパス整備企画室作成

図6－2
ちば地域市民学会パンフレットをもとに筆者が一部修正　http://caoca.org/gakkai1.pdf

図6－3
「明日の田園都市」Ｅ．ハワード、鹿島出版会より

## 清水弘文堂書房の本の注文方法

■電話注文03-3770-1922／046-804-2516■FAX注文046-875-8401■Eメール注文mail@shimizukobundo.com（いずれも送料300円注文主負担）■電話・FAX・Eメール以外で清水弘文堂書房の本をご注文いただく場合には、もよりの本屋さんにご注文いただくか、本の定価（消費税込み）に送料300円を足した金額を郵便為替（為替口座00260-3-59939　清水弘文堂書房）でお振り込みくだされば、確認後、一週間以内に郵送にてお送りいたします（郵便為替でご注文いただく場合には、振り込み用紙に本の題名必記）。


大学発地域再生　カキネを越えたサステイナビリティの実践
ASAHI ECO BOOKS 24

発　行　二〇〇九年七月一五日
著　者　上野　武
発行者　荻田　伍
発行所　アサヒビール株式会社
住　所　東京都墨田区吾妻橋一-二三-一
電話番号　〇三-五六〇八-五一一一
編集発売　株式会社清水弘文堂書房
発売者　礒貝日月
住　所　《プチ・サロン》東京都目黒区大橋一-三-七-二〇七
電話番号　《受注専用》〇三-三七七〇-一九二二
Eメール　mail@shimizukobundo.com
HP　http://shimizukobundo.com/
編集室　清水弘文堂書房葉山編集室
住　所　神奈川県三浦郡葉山町堀内八七〇-一〇
電話番号　〇四六-八〇四-二五一六
FAX　〇四六-八七五-八四〇一
印刷所　モリモト印刷株式会社




 ISBN978-4-87950-590-3 C0036